Smart investieren – dein Weg
zur finanziellen Freiheit

Disclaimer Die in diesem Buch vorgestellten Ratschläge sind nicht als juristische, steuerliche oder Anlage-/Vermögensberatung zu verstehen. Dieses Buch ist ein informatives Nachschlagewerk, welches Lesern helfen soll, Finanzprodukte, Immobilien und sonstige Optionen als mögliche Kapitalanlage besser zu verstehen. Weder der Autor noch der Verlag sind für die individuellen Geldanlageentscheidungen des Lesers verantwortlich und daher in keinster Weise haftbar. Lesern wird empfohlen, vor dem Kauf jedweder Geldanlagen individuellen, fachlichen, juristischen und/oder steuerlichen Rat einzuholen. Autor und Verlag gehen nach bestem Wissen und Gewissen davon aus, dass die Angaben und Informationen in diesem Werk zum Zeitpunkt der Veröffentlichung korrekt sind. Autor und Verlag übernehmen ausdrücklich keine Gewähr für den Inhalt oder die Äußerungen in diesem Buch, für deren Vollständigkeit oder für etwaige Fehler.

Daniel Reger

Smart investieren – dein Weg zur finanziellen Freiheit

Daniel Reger
München, Deutschland

ISBN 978-3-658-40172-6   ISBN 978-3-658-40173-3 (eBook)
https://doi.org/10.1007/978-3-658-40173-3

Die Deutsche Nationalbibliothek verzeichnet diese Publikation in der Deutschen Nationalbibliografie; detaillierte bibliografische Daten sind im Internet über http://dnb.d-nb.de abrufbar.

© Der/die Herausgeber bzw. der/die Autor(en), exklusiv lizenziert an Springer Fachmedien Wiesbaden GmbH, ein Teil von Springer Nature 2023
Das Werk einschließlich aller seiner Teile ist urheberrechtlich geschützt. Jede Verwertung, die nicht ausdrücklich vom Urheberrechtsgesetz zugelassen ist, bedarf der vorherigen Zustimmung des Verlags. Das gilt insbesondere für Vervielfältigungen, Bearbeitungen, Übersetzungen, Mikroverfilmungen und die Einspeicherung und Verarbeitung in elektronischen Systemen.
Die Wiedergabe von allgemein beschreibenden Bezeichnungen, Marken, Unternehmensnamen etc. in diesem Werk bedeutet nicht, dass diese frei durch jedermann benutzt werden dürfen. Die Berechtigung zur Benutzung unterliegt, auch ohne gesonderten Hinweis hierzu, den Regeln des Markenrechts. Die Rechte des jeweiligen Zeicheninhabers sind zu beachten.
Der Verlag, die Autoren und die Herausgeber gehen davon aus, dass die Angaben und Informationen in diesem Werk zum Zeitpunkt der Veröffentlichung vollständig und korrekt sind. Weder der Verlag noch die Autoren oder die Herausgeber übernehmen, ausdrücklich oder implizit, Gewähr für den Inhalt des Werkes, etwaige Fehler oder Äußerungen. Der Verlag bleibt im Hinblick auf geografische Zuordnungen und Gebietsbezeichnungen in veröffentlichten Karten und Institutionsadressen neutral.

Planung/Lektorat: Irene Buttkus
Springer ist ein Imprint der eingetragenen Gesellschaft Springer Fachmedien Wiesbaden GmbH und ist ein Teil von Springer Nature.
Die Anschrift der Gesellschaft ist: Abraham-Lincoln-Str. 46, 65189 Wiesbaden, Germany

Danksagung

Liebe Leserin und lieber Leser,
   es ist ein unglaubliches Gefühl, dieses Buch in den Händen zu halten und zu realisieren, dass dieses Projekt ohne die Unterstützung einiger besonderer Menschen in meinem Leben nicht möglich gewesen wäre.
   Viel zu schnell nimmt man die Menschen, die man liebt, für gegeben hin und merkt meistens erst zu spät, wie viel diese einem bedeuten. Ich versuche mir jeden Tag bewusst zu machen, wie dankbar und glücklich ich mich mit meinem Leben und den Personen in diesem schätzen kann. Indem man regelmäßig Dankbarkeit und Liebe in seinem Leben aktiv kultiviert, wird das gesamte Leben positiver und reicher.
   Zuallererst möchte ich meinen Eltern von Herzen danken. Ihr habt mich immer unterstützt und ermutigt, meine Träume zu verfolgen und meine Ziele zu erreichen. Eure bedingungslose Liebe und eure unermüdliche Unterstützung haben mir die Kraft gegeben, meinen eigenen Weg zu gehen, auch wenn dieser oft nicht einfach war.
   Ein besonderer Dank geht auch an meinen großen Bruder. Du hast mich immer akzeptiert, wie ich bin, und nie ein Urteil über mich gefällt. Deine Freundschaft und dein Rat bedeuten mir sehr viel. Ich bin dankbar und stolz, dein Bruder zu sein.
   Und schließlich möchte ich meiner wunderbaren Frau danken. Du bist der wichtigste Mensch und ein Engel in meinem Leben und ich bin jeden Moment dankbar, den du an meiner Seite stehst. Du hast mich zu

dem glücklichsten und besten Menschen gemacht, der ich sein kann. Ohne deine Liebe, Unterstützung und Inspiration hätte ich dieses Buch nie geschrieben.

Zuletzt möchte ich allen danken, die mich auf meinem bisherigen Lebensweg begleitet haben. Jeder Augenblick, jeder Rückschlag und jeder Erfolg hat mich zu dem Menschen gemacht, der ich heute bin. Ich bin dankbar für das Leben, das ich leben darf, und hoffe, dass dieses Buch auch anderen helfen wird, ihre Träume zu verwirklichen.

Danke!

Inhaltsverzeichnis

1	**Das Hamsterrad oder die finanzielle Freiheit**	1
2	**Fundamentales Wissen**	9
	2.1 Cashflows	9
	2.2 Finanzielle Freiheit	10
	2.3 Aktives vs. passives Einkommen	11
	2.4 Vermögenswerte vs. Verbindlichkeiten	12
	2.5 Gute vs. schlechte Schulden	15
	2.6 Steuern	17
	2.7 Investmentwissen	17
	2.7.1 Zinseszins	17
	2.7.2 Opportunitätskosten	20
	2.7.3 Inflation und „Geldverlust"	20
	2.7.4 Finanzielle Repression und Sparen	21
	2.7.5 Leverage	22
3	**Das Ziel ist der Weg**	27
	3.1 Wo stehen wir gerade?	27
	3.2 Wo wollen wir hin?	29

3.3	Wie kommen wir dahin?	31
	3.3.1 Zielwert Vermögenswerte	31
	3.3.2 Investment Rate	34

4 Wie du mehr Geld zum Investieren hast — 37
- 4.1 Vermeide (unnötigen) Cash Outflow (COF) — 40
- 4.2 Steigere deinen Cash Inflow (CIF) — 42
  - 4.2.1 Aktiver Cash Inflow — 42
  - 4.2.2 Gründer werden — 51

5 Der Investmentguide für smarte Investoren — 59
- 5.1 Aktien — 61
  - 5.1.1 Wachstumsaktien für mehr Vermögenswerte — 61
  - 5.1.2 Dividendenaktien für mehr passiven CIF — 68
- 5.2 ETF (Exchange Traded Fund) — 72
- 5.3 Anleihen — 76
- 5.4 Alternative Investments — 78
  - 5.4.1 Peer-to-Peer (P2P) Lending — 78
  - 5.4.2 Crowdinvesting — 84
  - 5.4.3 Kryptowährungen — 86
- 5.5 Immobilien — 90
  - 5.5.1 Immobiliendirektanlage — 90
  - 5.5.2 Real Estate Investment Trusts (REITs) — 113
- 5.6 Weitere Investmentmöglichkeiten — 114
- 5.7 Bildung: Angewandtes Wissen ist Macht! — 114

6 Zum Ende gibt es den Anfang — 117
- 6.1 Wer hat an der Uhr gedreht? — 120
- 6.2 Buchempfehlungen — 121
- 6.3 Literaturverzeichnis — 123

Glossar

CF	Cashflow
CIF	Cash Inflow
COF	Cash Outflow
FCF	Free Cashflow
IR	Investment Rate
R	Rendite
V	Vermögenswerte
n	Zeitraum (z. B. Jahre)
GuV	Gewinn-und-Verlust-Rechnung
p.a.	per annum (pro Jahr)
p.m.	per month (pro Monat)
TEUR	Tausend Euro
Mio.	Million
ROE	Return on Equity (Eigenkapitalrendite)
PEG	Price-Earnings-Growth Ratio (Preis-Gewinn-Wachstums-Verhältnis)
EPS	Earnings per Share (Gewinn pro Aktie)
EBITDA	Earnings before interest taxes depreciation and amortization (Gewinn vor Zinsen, Steuern, Abschreibung und Amortisation)
TEV	Total Enterprise Value (Unternehmenswert)
P2P	Person to Person (Person zu Person)

1

Das Hamsterrad oder die finanzielle Freiheit

7 Uhr
Aufstehen. Guten Morgen, bereit für einen weiteren Tag im Hamsterrad? Das Wochenende und die Freizeit zu kurz. Müde und unmotiviert wird sich mal wieder aus dem Bett gequält.

9–18 Uhr
Arbeiten im Großraumbüro als Angestellter. Chef nervt manchmal, Kollegen sind ganz ok.

19–23 Uhr
Freizeit: Essen, Duschen, Familie, Freunde, Sport.

23:30 Uhr
Ab ins Bett, um morgen genug Energie zu haben, um den Tag zu überstehen.

Kommt dir das bekannt vor? Das Geld reicht, um die laufenden Kosten zu decken und sich gelegentlich mal etwas zu gönnen. Zum Beispiel einen Kino- oder Clubbesuch, schicke Klamotten, glitzernden Schmuck oder das neue iPhone. Zweimal im Jahr Urlaub in Italien und manchmal bleibt am Ende des Monats etwas Geld übrig, um es für schlechte Zeiten auf die Seite zu legen. Tag ein, Tag aus. Alle paar Jahre ein Jobwechsel oder eine Beförderung, die etwas mehr Gehalt nach Hause bringen, was es endlich möglich macht, das neuere Auto, die coolen Nikes oder eine schicke Handtasche zu kaufen.

Willkommen im Hamsterrad. Hast du dich nie gefragt: „Ist das schon alles in meinem Leben?" Hattest du als Kind nicht große Träume und die Welt war nicht groß genug für alles, was du vorhattest? Wolltest du nicht viel reisen, um wundersame Orte zu entdecken, fremde Kulturen kennenlernen, etwas Weltveränderndes erfinden, deine/n Seelenverwandte/n finden und Party machen in den exklusivsten Clubs auf der ganzen Welt? Dich nicht um Geld sorgen und das beste Essen an den besten Orten mit den besten Freunden der Welt. Vielleicht kannst du an ein paar dieser Dinge einen Haken setzen, aber mal unter uns: Was hält uns denn ab, all diese Dinge zu machen? Ja richtig – irgendwer muss ja die Miete aufbringen, das Essen auf den Tisch bringen und die Krankenversicherung bezahlen. Und dafür muss man nun einmal arbeiten, oder? Also rein in den Job, und seitdem laufen wir im Hamsterrad. So richtig frei werden wir jedoch dadurch nicht. Und reich schon gar nicht. Nicht einmal reich genug, um sich keine Sorgen mehr um Geld machen zu müssen, wenn wir aufhören würden zu arbeiten.

Was aber wäre, wenn du nicht auf deine Arbeit angewiesen wärst, um deine Miete zu bezahlen, sondern unabhängig von allen anderen machen kannst, was du willst, und dennoch monatlich dein „Gehalt" auf dein Konto fließt? Wenn automatisch und ohne viel Arbeit regelmäßig genug Geld auf deinem Konto eingeht und du währenddessen die schon lange geplante Weltreise machst? Oder 3 Monate auf Hawaii das Tauchen lernst? Oder endlich genug Zeit hast, ein Unternehmen zu gründen, Sambatanzen, Tischtennis oder Tai-Chi zu lernen? Jeden Tag entspannt aufstehst, ein bisschen Sport, gesund essen und dann deine *echten* Träume angehst und nicht mehr 40 h die Woche in einem Bürojob festhängst, der vermutlich (mal ehrlich) nicht das war, was du dir als Kind von deiner Zukunft vorgestellt hast.

„Menschen mit kleinen Träumen leben das Leben kleiner Menschen."
– Robert T. Kyosaki –

Unser eigenes Hamsterrad
Nehmen wir an, alle deine laufenden Kosten, inklusive Hypothek/Miete, Kinder, Essen und Freizeit, betragen 2000 € pro Monat (p. m.). Mit deinem Job verdienst du netto 2300 € p. m. Somit bleibt dir also jeden Monat ein bisschen Geld übrig, welches du auf das Sparkonto legen kannst. Was passiert jedoch, wenn du deinen Job verlierst, aus Gründen, die du nicht einmal selbst zu verantworten hast? Die Firma geht bankrott. Deine Großmutter wird schwer krank und du musst für sie sorgen und kannst dir aber keinen Pfleger leisten. Dein Chef muss Personal abbauen in seiner Abteilung und du warst noch in der Probezeit oder der Letzte, der angefangen hat. Dein aktives Einkommen ist auf einmal weg, aber du musst dennoch die laufenden Kosten von 2000 € aufbringen. Wie lange würde dein Erspartes auf dem Sparkonto reichen, wenn du jeden Monat 2000 € davon abheben müsstest, um die laufenden Kosten zu decken?

Diese Frage hat bei mir damals ein ziemlich mulmiges Gefühl hervorgerufen, weil sie mir vor Augen geführt hat, wie abhängig ich von einem Job bin und dass es nicht nur darauf ankommt, ein wenig Geld auf dem Sparkonto zu haben, sondern vielmehr darum, wieviel jeden Monat herein- oder herausfließt.

Nehmen wir oben beschriebenes Szenario und führen es etwas weiter. Du bist arbeitslos, verzweifelt und das Geld geht langsam zur Neige, während du auf der Suche nach einem Job bist. Vielleicht ist das zweite Kind schon unterwegs und das erste benötigt dringend einen Mathe-Nachhilfelehrer, und auf einmal ist das finanzielle Polster, was vorher noch groß aussah, spärlich geschrumpft. Aus dem Nichts meldet sich ein lang vergessener Onkel bei dir und überbringt dir eine fantastische Nachricht! Du bist sein Lieblingsneffe, und er verspricht dir ein lebenslanges Einkommen, ohne dass du dafür aktiv arbeiten musst. Wie klingt das für dich? Klar ... zu schön, um wahr zu sein. Statt auf unseren unbekannten reichen Onkel zu warten und zu hoffen, dass er uns ein lebenslanges Einkommen ohne Gegenleistung schenkt, sollten wir die Sache doch selbst in die Hand nehmen können?!

Wie können wir also aus dieser Abhängigkeit von einem Job und aus diesem nicht von uns kontrollierten Hamsterrad entfliehen und unser

Leben selbst in die Hand nehmen? Wie schaffe ich mir „einen reichen Onkel", der mir lebenslang ein Einkommen schenkt, ohne dass ich dafür arbeiten muss, und erlange somit finanzielle Freiheit? Mit diesem Buch möchte ich dir helfen, die Antwort auf diese Frage zu finden.

Von Helden und Monstern
Ist es nicht immer die gleiche Geschichte in den Mythen und Sagen oder deren Verfilmungen? Zuerst wird der Held der Geschichte präsentiert, wie er ein ganz normales und geregeltes Leben führt. Der Held bist natürlich du in unserer Analogie. Als Nächstes passiert etwas Unerwartetes, und der Held wird mit seinem Gegner, mit dem Monster, konfrontiert. Dies ist das Hamsterrad, in dem du dich befindest und von dem du realisierst, dass es gefährlich ist, in diesem zu verweilen; siehe unser oben genanntes Beispiel mit dem Jobverlust. Der Held bekommt dann Hilfe von einem weisen alten Mann oder einem Partner, der sich ein bisschen besser auskennt. Dies bin in diesem Fall ich, auch wenn ich noch keinen langen grauen Bart habe. Dieser gibt ihm dann einen Plan bzw. eine Strategie an die Hand, mittels derer der Held (du) das Monster (das ewige Hamsterrad) besiegen kann. Der Held muss auf seinem Weg erst noch viel lernen und wachsen, damit er das Monster am Ende besiegen kann, und dieser Prozess dauert natürlich ein wenig. Viele Kämpfe sind zu meistern und viele neue Fähigkeiten muss der Held auf dem Weg lernen, die er dann gegen den Endgegner einsetzen kann. Meist gewinnt der Held auf dem Weg noch eine hübsche Partnerin, aber das kann ich dir mit unserem Plan nicht versprechen. Nachdem der Held das Monster besiegt hat, kehrt er meist in ein normales, aber weitaus besseres Leben zurück und lebt in diesem glücklich und zufrieden bis an das Ende seiner Tage. Naja, oder er stirbt – aber das wird dir bei unserem Plan sehr wahrscheinlich nicht passieren.

Der Partner, der sich zu Beginn ein bisschen besser auskennt – wer ich bin
Ich bin ein normaler Durchschnittstyp, der den Weg, der vor dir liegt, schon gegangen ist. Mittelste Mittelschicht, keine besonderen Talente, genieße gerne das Leben, mache Sport und gehe gern mit Freunden aus.

Arbeite im Investmentbereich und hatte jeden Tag einen vermutlich sehr ähnlichen Tagesablauf wie du. Täglich grüßt das Murmeltier. Ich mochte meinen Job, aber auch ich realisierte irgendwann: Ich bin im Hamsterrad gefangen. Arbeiten, Geld verdienen, Geld ausgeben für Miete, Essen, Freizeit, wenig Geld zum Sparen oder zum Investieren. Kein schlechtes Leben, aber auch kein wirklich großartiges. Ich war unzufrieden. Mir hat etwas gefehlt. Ich hatte das Gefühl, das Leben zieht an mir vorbei und ich habe keine Zeit und keine Energie, um etwas Außergewöhnliches daraus zu machen. Das Problem: Ich hatte auch keine Ahnung, *was* ich machen wollte. Was ist meine Passion? Wann habe ich denn auch schon Zeit, genau darüber nachzudenken? Es ist ja auch so viel zu tun … Vielleicht finde ich in ein paar Jahren heraus, dass es meine Passion ist, Bananen in Argentinien zu züchten, Brunnen in Südafrika zu bauen oder Philosophie zu studieren? Was ist, wenn ich etwas machen möchte, aber dem nicht nachgehen kann, weil ich weiterhin aktiv Geld verdienen muss, um meine regelmäßigen Kosten zu decken? Und was ist, wenn ich meine Passion, meine Lebensbestimmung, meinen Lebenssinn finde, aber dem Ruf nicht folgen kann, weil ich damit kein oder zu wenig Geld verdiene, um meine laufenden Kosten zu decken? Wenn man seinen Lebenssinn findet, dann will man definitiv nicht durch das Thema „Geld" aufgehalten werden, oder?

Es ist also egal, wo man steht und wo man hinwill, solange man finanziell abgesichert oder anders gesagt *„finanziell frei"* ist. Und so kam ich zu der Frage: „Wie entkomme ich dem Hamsterrad und werde finanziell unabhängig bzw. wie erlange ich finanzielle Freiheit?" Wie kann man also anders Geld verdienen, während man seiner Passion folgt, die vielleicht kein Geld einbringt? Abgesehen davon bringt die Zeit auf der Suche nach dem Lebenssinn definitiv kein Geld ein. Wenn man seinen Job mit aktivem Einkommen kündigt, dann verdient man kein Geld mehr. Man braucht also eine Methode, Geld zu verdienen, ohne dass man dafür aktiv arbeiten muss. Wir brauchen passives Einkommen, das von irgendwo herkommt, ohne dass wir aktiv dafür arbeiten müssen. Durch passives Einkommen ist es so, als würde jemand für uns arbeiten, z. B. unser Geld oder unsere Angestellten. Bei dem, was ich später einmal machen möchte, ist es auch völlig egal, ob ich damit meinen Lebensunterhalt bestreiten kann oder überhaupt Geld damit verdiene, denn das Geld kommt „von allein" hereingesprudelt.

Hier startet also unsere gemeinsame Heldengeschichte, und da du hier noch am Lesen bist, bin ich fest davon überzeugt, dass du der Held bist, der die Story durchzieht, bis zum Ende!

Gibt es einen Plan?
Gut, das Ziel ist klar, aber was macht man, wenn man nach einem Weg sucht, aber keine Ahnung hat, wo dieser ist? Richtig, man fragt jemanden. Es gibt eine Menge Wissen, versteckt in Büchern, Blogs, YouTube, Statistiken und Artikeln. Erfolg hinterlässt Spuren. Wenn du einen Tisch bauen willst, dann besorge dir eine Anleitung. Wenn du einen fitten Körper haben willst, dann trainiere nach dem Trainingsplan, den dir dein Coach aufgestellt hat. Willst du reich werden, dann such dir eine Anleitung zum Reichwerden.

> „Der Mensch hat dreierlei Wege, klug zu handeln; erstens durch Nachdenken, das ist das Edelste, zweitens durch Nachahmen, das ist das Leichteste, und drittens durch Erfahrung, das ist das Bitterste."
> – Konfuzius -

Es gibt bereits zahlreiche Menschen, die diesen Weg schon erfolgreich gegangen sind. Lass sie uns einfach mal „die Reichen" nennen. „Reich sein" verbinden viele nur mit Geld, und wir wollen uns im Folgenden auch vorrangig um den schnöden Mammon kümmern, aber an dieser Stelle möchte ich betonen, dass auch ein gesunder Körper, eine glückliche Familie oder ein erfüllender Freundeskreis uns zu reichen Menschen machen. Reich an Liebe, Erfahrung, Wissen oder einfach Glück. In diesem Buch wollen wir uns aber auf das monetäre Reichwerden fokussieren, um finanzielle Freiheit zu erlangen.

Es gibt eine Menge Menschen, die bereits viele Sachen probiert haben, um reich und finanziell frei und unabhängig zu werden. Manche Wege waren schlecht, manche gut. Es gibt genug Wissen über die „richtigen" und „guten" Wege. Wenn man die gleichen Sachen macht und die gleichen Wege geht wie die Reichen, dann erhält man sehr wahrscheinlich ein sehr ähnliches Ergebnis.

Wissenskonsolidierung

Neben Ausbildung, Studium und Arbeitserfahrung begann ich mit den Büchern von Robert Kyosaki, Bryan Tracy, Rainer Zitelmann und vielen weiteren. Biografien, Anleitungen, wissenschaftliche Artikel, Blogs, Studien und Statistiken waren wertvolle Ergänzungen. Durch kontinuierliches Lernen und Anwenden konnte ich die funktionierenden Strategien und Theorien herausfiltern und euch hier zusammenfassen. Das Wissen und die Strategien aus diesem Buch haben u. a. die Autoren oben genannter Quellen als Basis und sind nicht von mir frei erfunden. Damit du jedoch nicht all die Bücher, Studien und Artikel lesen musst, die ich lesen musste, um die Themen zu verstehen, habe ich dir die Kerninhalte in meinem Buch zusammengefasst und mit meinen eigenen Erfahrungen und meinem Wissen ergänzt. Eine ausführliche Liste empfehlenswerter Bücher habe ich dir am Ende dieses Buches zusammengestellt.

„Alle wollen in den Himmel, aber keiner will sterben."
– Joe Louis -

Alle wollen reich *sein*, aber keiner will den langen Weg dorthin beschreiten. Reich bzw. finanziell frei zu sein erfordert einen langen Prozess und dieser startet mit dem Mindset. Jeder kennt die Geschichte vom Müllmann, der im Lotto gewinnt und ein Jahr später wieder als Müllmann arbeitet, weil er nicht mit Geld umgehen konnte. Und haben wir das als Kind nicht schon immer gehört? „Übung macht den Meister."

Übungsbuch als Handbuch

In diesem Buch habe ich dir Zusammenfassungen am Ende der Kapitel sowie Beispiele und Übungen zu verschiedenen Themen mitgegeben, weil durch deine Aktivität die Inhalte besser in deinem Gedächtnis bleiben und durch Beispiele die Themen und Rechnungen realitätsnäher werden. Nutze dieses Buch als Handbuch und führe die Übungen regelmäßig durch. Lege es nicht nach dem Lesen weg, denn sonst kommst du keinen Schritt weiter. Nimm dieses Buch als eine Art Waffe gegen das Monster mit auf deinen Weg deiner eigenen Heldengeschichte und hole es immer wieder hervor, wenn du es brauchst. Nimm die Übungen ernst, denn Sie bereiten dich auf den echten Kampf vor und bedeuten für dich wichtiges Training. Lass uns gleich mal eine kleine Übung machen, damit du siehst, dass diese Spaß machen und auch ein wenig Kreativität fordern.

Übung: Investments
Dies ist eine interessante Übung, die du jederzeit und regelmäßig mit Freunden machen kannst. Frage und lasse dich fragen:

Wenn dir jemand einen Euro gibt und du musst ihn investieren: In was bzw. wo würdest du ihn investieren? Ändert sich die Antwort bei 100 €? 10.000 €? 1 Mio. €?

Der Sinn der Übung? Dein Mindset bestimmt deinen Reichtum, und wenn du heute in Gedanken nicht durchspielst, wie du 10.000 € oder 1 Mio. € klug investieren würdest, wie kannst du es wissen, wenn das Geld auf einmal da ist? Erinnere dich an das Beispiel mit dem Müllmann, der, nachdem er seinen kompletten Lottogewinn ausgegeben hatte, wieder als Müllmann arbeiten musste. Er hatte sich davor bestimmt keine ernsthaften Gedanken gemacht, was er mit dem Geld sinnvoll anstellen würde. Führe diese Übung regelmäßig durch, und du wirst sehen, wie deine Antworten sich mit steigendem Wissen und mehr Erfahrung immer wieder ändern werden.

Dieses Buch soll dir das essenzielle Wissen vermitteln, wie du reich und finanziell frei werden und klug investieren kannst, um ein ausreichend hohes passives Einkommen zu generieren, damit du aus dem Hamsterrad aussteigen und endlich deine Träume verfolgen kannst.

2

Fundamentales Wissen

Gerne würde ich bei den Basics beginnen und die wichtigsten Begrifflichkeiten und finanziellen Grundzusammenhänge kurz erläutern. Wenn du bereits Investmentprofi bist, dann kannst du diesen Teil überspringen, jedoch ist es auch für dich bestimmt eine gute Wiederholung, die Inhalte zu lesen und zu verinnerlichen.

2.1 Cashflows

Grundsätzlich dreht sich alles um Cashflows, also darum, ob das Geld aus deinen Taschen in die Taschen eines anderen (Cash Outflow oder auch „COF") oder von woanders in deine Taschen (Cash Inflow oder auch „CIF") fließt.

Viele haben finanzielle Probleme, da sie nicht fähig sind, den CIF auf ihrer Einkommensseite zu erhöhen, und die Kontrolle über ihre COF auf ihrer Ausgabenseite verlieren. Sie bauen laufend mehr Verbindlichkeiten (Eigenheim, Auto, Kreditkartenschulden, Studentenkredit) auf, was ihnen noch mehr Geld aus der Tasche zieht.

2.2 Finanzielle Freiheit

Willst du lebenslang arbeiten müssen, und das vielleicht in einem Job, der dein Leben nicht erfüllt, vielleicht für einen Chef, den du nicht magst oder der dich nicht mag? Was passiert, wenn du 50 bist und deinen Job verlierst oder nicht mehr ausführen kannst? Bist du mit 50 Jahren dann auf Hartz-IV angewiesen? Musst du dann im Getränkemarkt arbeiten und Kästen stapeln für den Mindestlohn? Für mich ist die Vorstellung, mein ganzes Leben arbeiten zu *müssen*, auch wenn ich nicht möchte oder kann, grauenhaft. Ich will arbeiten, wann, was, mit wem und wo ich möchte, oder auch gar nicht. Das Leben bietet viel zu viel schöne Orte, Geschäftsideen, Erlebnisse, und es ist wohl kaum der Sinn des Lebens, sich dauernd (Geld-)Sorgen zu machen. Oft wird finanzielle Freiheit mit Reichtum assoziiert. Freiheit bedeutet hier, dass du finanziell von niemandem mehr abhängig bist, also weder vom Arbeitgeber, vom Staat, dem Partner noch von den Eltern. Ziel ist es, sich eigene Einkommensquellen zu erschließen, die unabhängig von anderen sind. Finanziell ausgedrückt heißt finanzielle Freiheit auch finanzielle Unabhängigkeit und ist erreicht, sobald dein passives Einkommen deine Fixkosten übersteigt. Finanzielle Freiheit bedeutet nicht automatisch, superreich zu sein, sondern finanziell unabhängig.

Reichtum wird auch nicht in der Höhe des Geldbetrages gemessen, den man besitzt, sondern in Zeit! Bist du mit 10 Mio. € auf dem Bankkonto reich? Spontan würden wir doch sagen: ja, auf jeden Fall! Doch wenn du einen Lebensstil hast, der dich pro Monat 1 Mio. € kostet, bist du ohne weiteres Einkommen in nur 10 Monaten bankrott. Du bist also nur 10 Monate „reich".

Nehmen wir an, du hast auf deinem Bankkonto „nur" 50.000 € angespart, jeden Monat hast du Kosten von 5000 € und ein passives Einkommen von 6000 €. Wie lange dauert es, bist du bankrott bist? Unendlich lange, weil mehr Geld hinein- als herausfließt. Du bist also unendlich „reich" und somit viel reicher als die Person mit den 10 Mio. € auf dem Bankkonto. Wie du siehst, kommt es weniger darauf an, was genau du auf dem Bankkonto hast, sondern wie viel Geld regelmäßig hinein- bzw. herausfließt.

2.3 Aktives vs. passives Einkommen

Du kennst bestimmt die selbstschließenden Wasserhähne, meist auf öffentlichen Toiletten, die Wasser sparen sollen? Um Wasser zu erhalten, musst du den Hahn gedrückt halten, und wenn du ihn loslässt, kommt kein Wasser mehr. Aktives Einkommen, so wie dein Gehalt, ist vergleichbar mit diesem Wasserhahn. Solange du arbeitest, also aktiv bist, erhältst du Geld, aber sobald du aufhörst, hört auch dein Chef auf, dich zu bezahlen. Ein Beispiel ist ein Anwalt: Für jede Stunde, die er für seinen Mandanten arbeitet, erhält er Geld. Sobald er aufhört, kann er auch dem Mandanten keine weitere Rechnung stellen. Aktives Einkommen ist also, wenn die Höhe des Einkommens (mehr oder weniger) direkt mit deinen Arbeitsstunden oder aktiven Tätigkeiten korreliert.

Noch nicht eindeutig? Gerne hier eine kleine Geschichte zur Veranschaulichung:

Wasserträger vs. Wasserleitung

Fred und John leben in einem Dorf, in dem es nur Wasser gibt, wenn es regnet. Um das Problem zu lösen, bittet der Dorfälteste Fred und John, sich darum zu kümmern. John läuft sofort los, kauft sich zwei Eimer, rennt damit zum nächstgelegenen See, füllt die Eimer voll mit Wasser und schleppt diese mühsam wieder zurück. Abends, nachdem er das Wasser abgeliefert hat, erhält er den Lohn für seine beiden Eimer Wasser und fällt müde ins Bett. Am nächsten Tag muss er vor den anderen Dorfbewohnern aufstehen, damit diese rechtzeitig für den Tag ihr Wasser haben. Fred jedoch denkt zuerst nach und berät sich mit Freunden, wie man das Problem besser lösen kann. Er wird ausgelacht von den Dorfbewohnern und auch von John, weil dieser viel mehr Geld verdient und im Dorf als Wasserträger hoch anerkannt ist. Fred arbeitet jedoch während dieser Zeit an einer Wasserleitung, die vom See zum Dorf führt. Diese Leitung bringt das Wasser nicht nur automatisch, sondern auch viel sauberer in das Dorf, und das, ohne dass Fred mühsam Eimer schleppen muss. Das Dorf ist nun 24/7 mit sauberem Trinkwasser versorgt, und durch das automatisierte System kann Fred das Wasser sogar für die Hälfte des Preises von John anbieten.

Nach dieser Geschichte sollten wir uns die Frage stellen: Sind wir Wasserträger (aktives Einkommen) oder bauen wir gerade an unserer eigenen Wasserleitung (passives Einkommen)?

> „Wenn du keinen Weg findest, im Schlaf Geld zu verdienen, wirst du bis an dein Lebensende arbeiten müssen."
> – Warren Buffet –

Passives Einkommen ist also, wenn man die aktive Arbeitszeit vom Einkommen entkoppelt. Einkommen, das fortlaufend hereinfließt, das immer wieder kommt, und zwar auch noch, nachdem man aufgehört hat, den Großteil an Aktivität und Kapital zu investieren, um diese Einkommensquelle zu erschaffen. Dies funktioniert, indem man nicht mehr *selbst* arbeitet, um Geld zu verdienen, sondern klug investiert und Vermögenswerte schafft und erwirbt, die ein passives Einkommen generieren.

2.4 Vermögenswerte vs. Verbindlichkeiten

Ein Vermögenswert ist etwas, das Geld *in* deine Taschen fließen lässt, während eine Verbindlichkeit das Geld *aus* deinen Taschen nimmt. Oder nun auch mit Fachbegriffen: Vermögenswerte produzieren CIF und Verbindlichkeiten COF. Ein Vermögenswert ist etwas, das für dich arbeitet, damit du nicht selbst für den Rest deines Lebens arbeiten musst.

> „Reiche arbeiten nicht für Geld, sondern für passives Einkommen."
> – Robert T. Kyosaki –

Reiche lassen Geld bzw. Vermögenswerte für sich arbeiten, damit diese passiven CIF produzieren. Eine vermietete Immobilie, die nach allen Kosten einen positiven CIF produziert, ist ein Vermögenswert. Ein Leasingauto für den privaten Gebrauch produziert nur Kosten und ist dementsprechend eine Verbindlichkeit.

Was ist nun mit deinem Haus, das du gekauft hast und in dem du selbst lebst? Ist das ein Vermögenswert oder eine Verbindlichkeit? Sicher doch ein Vermögenswert, oder? Falsch. Ich weiß, wir Deutsche sind die Nation der „Häuslebauer", und das ist auch gut so. Doch lass uns dies einmal rational betrachten. Stelle die COF (Versicherung, Reparatur und Instandhaltung, Grundsteuer etc.) deines Hauses den CIF gegenüber und sage mir dann, ob dein Haus mehr CIF als COF produziert. Natürlich ist hier die theoretische „Mietersparnis" zu beachten, oder nicht?

Teilweise richtig. Ja, natürlich „spart" man sich die Miete, aber wir betrachten vorerst nur die echten Cashflows einer Investition. In diesem Fall von deinem Haus, und dieses ist eine Verbindlichkeit und kein Vermögenswert, da es nur Geld aus deinen Taschen hinausfließen lässt.

Wichtig ist es also, den Zusammenhang zwischen Vermögenswerten, Verbindlichkeiten und deren Cashflows zu verstehen.

Kreislauf 1: Wie es nicht laufen sollte (Abb. 2.1)
Keine oder wenige Vermögenswerte, die CIF produzieren, und viele Verbindlichkeiten, die COF mit sich bringen. Der einzige CIF besteht aus dem

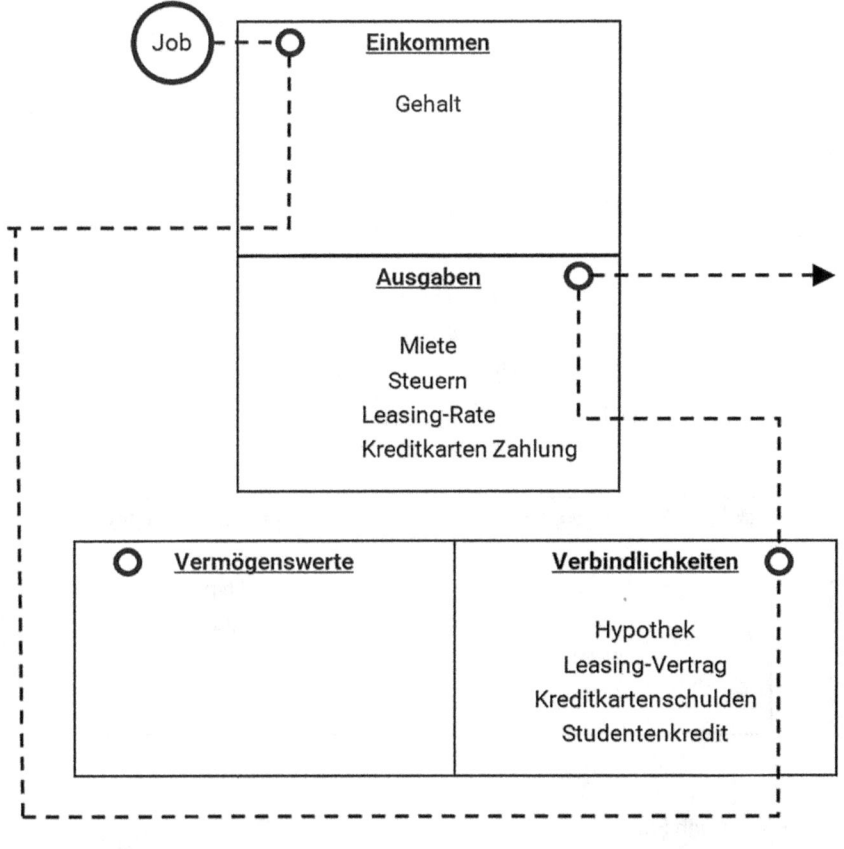

Abb. 2.1 Volle finanzielle Abhängigkeit. (Eigene Darstellung)

monatlichen Gehalt, den ein Mensch aus seiner Arbeit erzielt. Fällt der Job weg oder wird er krank, kann oder will er nicht mehr arbeiten, fällt auch das gesamte (!) Einkommen weg: volle Abhängigkeit und keine Freiheit.

Kreislauf 2: Wie es laufen sollte (Abb. 2.2)
Viele Vermögenswerte, welche CIF produzieren, mit welchen dann weitere CIF produzierende Vermögenswerte erschaffen oder erworben werden können. Wie bei einem Schneeball wird man immer reicher und muss dafür nicht viel tun. Verbindlichkeiten sind ok, solange sie „gute"

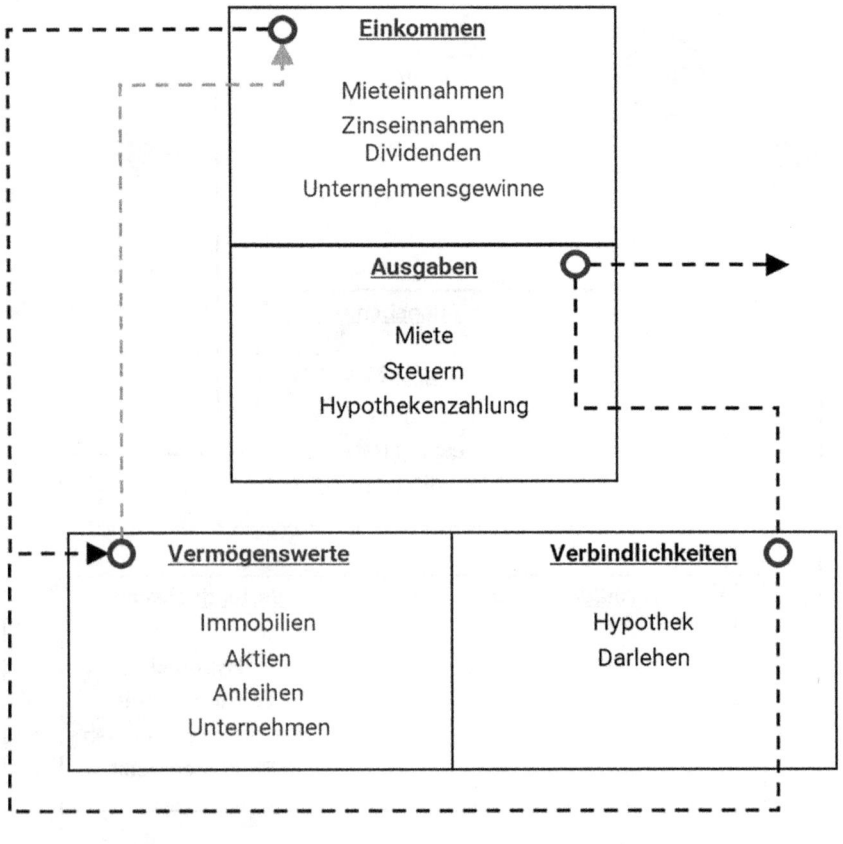

Abb. 2.2 Vermögenswerte für finanzielle Freiheit. (Eigene Darstellung)

2 Fundamentales Wissen

Bilanz

Vermögenswerte	Verbindlichkeiten

Abb. 2.3 Vermögenswerte und Verbindlichkeiten. (Eigene Darstellung)

Verbindlichkeiten sind (siehe Abschn. 2.5), also solche, mit denen CIF produzierende Vermögenswerte gekauft wurden (z. B. eine Hypothek für den Kauf einer vermieteten Immobilie). Deren CIF ist höher als deren COF. Wir sehen uns das später in Abschn. 2.7.5 „Leverage" genauer an.

Übung: Vermögenswerte und Verbindlichkeiten (Abb. 2.3)
Erstelle nun deine eigene Bilanz und bedenke, dass Vermögenswerte dir Geld in die Tasche und Verbindlichkeiten Geld aus deiner Tasche fließen lassen.

> **TIPP**
> Erstelle alle 6–12 Monate deine eigene persönliche Bilanz und liste alle deine Vermögenswerte und deine Verbindlichkeiten auf. Somit kannst du nachverfolgen, ob du mit der Zeit mehr Vermögenswerte oder Verbindlichkeiten anhäufst, und somit, ob du in die richtige Richtung läufst.

2.5 Gute vs. schlechte Schulden

Gute Schulden sind Schulden, die du aufnimmst, die aber ein anderer für dich abbezahlt. Moment! Du leihst dir Geld und jemand anderes bezahlt Zinsen und Tilgung für dich? Wie soll das denn gehen? Ganz einfach:

2 Fundamentales Wissen

Beispiel 1: Kauf einer vermieteten Immobilie
Du kaufst eine gut vermietete Immobilie und finanzierst einen Teil über ein Hypothekendarlehen. Deine laufenden monatlichen COFs (Tilgung, Zinsen, Reparatur, Verwaltung, Steuern etc.) betragen 1000 € und der Mieter zahlt eine Miete von 1300 €. Er tilgt somit indirekt deine Schulden, da seine Mietzahlung höher ist als deine COFs, in denen Zins- und Tilgungszahlung, die du an die Bank leisten musst, enthalten sind.

„Die Reichen verwenden gute Schulden, um Vermögen aufzubauen."
– Robert T. Kyosaki –

Beispiel 2: Kredit und Investmentrendite
Deine Bank bietet dir folgenden Kredit an: 10.000 €, Laufzeit 5 Jahre, Zins 2 %, Tilgung endfällig.

Nun stellt dir dein Investmentberater zwei verschiedene, aber gleich (sehr) sichere Investmentmöglichkeiten für deine 10.000 € vor:

A. Laufzeit 5 Jahre, Zins 1 %, Tilgung endfällig
B. Laufzeit 5 Jahre, Zins 3 %, Tilgung endfällig

Nun die Quizfrage. Würdest du:

a. Keinen Kredit aufnehmen und kein Investment tätigen
b. Den Kredit aufnehmen und in A) investieren
c. Den Kredit aufnehmen und in B) investieren

Unter der Annahme, dass die Investments sehr sicher sind, macht es in diesem vereinfachten Beispiel Sinn, den Kredit aufzunehmen und die Geldsumme zu investieren, da man nur 2 % Zinsen zahlen muss, aber bei Investment B) dafür 3 % erhält. Somit ist der Kredit als gute Schulden einzustufen. Man erwirbt einen Vermögenswert, der einen CIF produziert, der höher als der COF (Zinsen und Tilgung) für den Kredit ist.

2.6 Steuern

Wer Steuern zahlen „muss", verdient mehr Geld, als er ausgibt. Steuern zu zahlen, ist also ein Privileg, denn es zeigt, dass du gut wirtschaftest. Da (v. a. in Deutschland) hohe Steuerabgaben der Fall sind, ist es gut, sich mit dem Steuersystem etwas zu beschäftigen. Es geht nicht um Steuervermeidung oder -umgehung. Es geht darum, den vom Staat festgelegten gesetzlichen Rahmen in dem Maße zu nutzen, wie er es vorgesehen hat … und dabei natürlich alle Steuerabgaben zu reduzieren, wo es geht. Steuern finden in diesem Buch besonders im Bereich Immobilien und Fremdkapitalfinanzierung Beachtung, jedoch muss an dieser Stelle ausdrücklich betont werden, dass dieses Buch keine Rechts- oder Steuerberatung ersetzt und dass dem Leser empfohlen wird, sich mit seinem Steuerberater und/oder Anwalt über diese Themen auszutauschen. Im Folgenden werden wir das Steuerthema so weit wie möglich ausklammern, da jeder von uns eine andere steuerliche Ausgangsbasis hat und dies die folgenden Inhalte nur unnötig verkomplizieren würde. Zusammenfassend möchte ich dir aber den Tipp geben, ein bisschen Zeit in das Thema zu investieren, da sich das oft in barer Münze auszahlt.

2.7 Investmentwissen

2.7.1 Zinseszins

Angefallene Zinsen/Dividenden oder Erträge werden nicht verkonsumiert, sondern dem Anlagebetrag wieder hinzugefügt. Sie erhöhen also die Anlagesumme und werden in den Folgejahren mitverzinst. Dadurch werden Jahr für Jahr höhere Erträge erreicht und das angelegte Kapital wächst exponentiell. Albert Einstein nannte den Zinseszins-Effekt das „8. Weltwunder". Warren Buffett bezeichnet ihn den wichtigsten Erfolgsfaktor beim Investieren. Tatsächlich ist das bewusste Wissen und Nutzen des Zinseszinseffektes ein essenzieller Faktor auf dem Weg zur finanziellen Freiheit.

2 Fundamentales Wissen

Beispiel: Zinseszins – das 8. Weltwunder
Aktienanleger konnten über die vergangenen 100 Jahre mit einer jährlichen Rendite von durchschnittlich 7 % rechnen, wie diverse wissenschaftliche Studien (*Jorda, Knoll, et al. (2017), The Rate of Return on Everything*, https://www.frbsf.org/wp-content/uploads/sites/4/wp2017-25.pdf) belegen.

Nehmen wir an, du investierst heute 10.000 € und erwirtschaftest damit die eben erwähnten 7 % Rendite (dargestellt in Abb. 2.4). Um bei dem Begriff Zinseszins zu bleiben, nennen wir in diesem Beispiel deine Rendite „Zinsen". Mit der 7-%-„Verzinsung" deines Investments hast du nach 1 Jahr 10.700 € und dann die Möglichkeit, nur deine anfänglichen 10.000 € oder auch noch die Zinsen von 700 € anzulegen. Indem du deine 700 € Zinsen mit deinem anfänglichen Betrag erneut anlegst, erhältst du im zweiten Jahr bereits 49 € mehr an Zinsertrag, also 749 €. Das mögen jetzt vielleicht keine großen Beträge sein, bedenke jedoch, dass die zusätzlichen 49 € im darauffolgenden Jahr genauso für dich arbeiten. Sieh den Zinseszins als deinen persönlichen Arbeitertrupp, der für dich arbeitet und jedes Jahr größer und effektiver wird. Je mehr Arbeiter du hast, desto mehr Arbeiter rekrutieren diese wiederum. Deine einzige Aufgabe ist, deine zusätzlichen Einnahmen ständig wieder zu reinvestieren. Nehmen wir an, du legst die 10.700 € erneut zu einem Zinssatz von 7 % an und nächstes Jahr wieder und wieder, dann erhältst du nach 10 Jahren 19.672 €, nach 20 bereits 38.697 € und nach 50 Jahren werden aus deinen anfänglichen 10.000 € dann knapp 300.000 € (ohne Betrachtung von Gebühren und Steuern).

Wenn du jedoch immer nur wieder deine 10.000 € und nicht deine Zinsen reinvestierst und somit keinen Zinseszinseffekt nutzt, dann hast du nach 50 Jahren gerade einmal 45.000 €, was einen **Unterschied** von knapp **250.000 €** (!!) macht. Besonders über einen längeren Zeitraum ist der Unterschied gravierend (Abb. 2.4), weswegen es unabdingbar ist, dass du so schnell wie möglich anfängst, deine Arbeitertruppen an die Arbeit zu schicken, also dein Geld zu investieren!

Kurz zur Erinnerung: Wir reden hier von einem einmaligen Startkapital von 10.000 €. Wenn du jedes Jahr regelmäßig zum Investieren etwas beiseitelegst, sieht die Kurve noch einmal extremer aus. Nehmen wir an, du legst den gleichen Betrag wie im ersten Beispiel von 10.000 €

2 Fundamentales Wissen 19

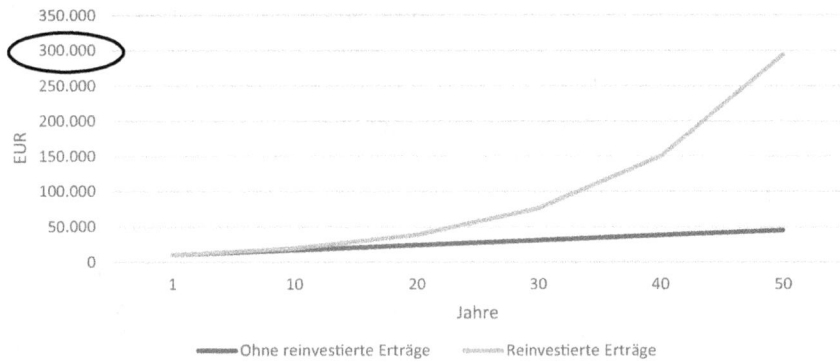

Abb. 2.4 Beispiel Investition mit 7 % Rendite p. a. (Eigene Darstellung)

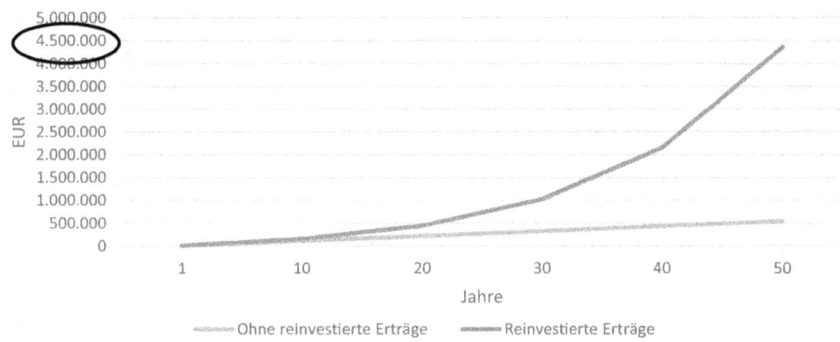

Abb. 2.5 Ergebnis bei zusätzlichem jährlichem Investment. (Eigene Darstellung)

zu Beginn an, legst aber jedes Jahr weitere 10.000 € zur Seite und investierst diese zu jeweils 7 %, dann bist du – herzlichen Glückwunsch – in 30 Jahren **Millionär**(!) und erhältst in 50 Jahren knapp 4,5 Mio. €. Der Unterschied zu nicht reinvestierten Erträgen: über **3,8 Mio. €** (siehe Abb. 2.5).

2.7.2 Opportunitätskosten

Opportunitätskosten bedeuten entgangenen Nutzen und bezeichnen die entgangenen Erlöse, weil vorhandene Möglichkeiten nicht genutzt wurden. Du verzichtest also auf eine Möglichkeit (Opportunität). Allerdings stellen sie trotz ihrer Bezeichnung keinen echten COF dar.

Beispiel
Jemand bietet dir ein Investment mit 8 % Rendite und eine Alternative (Opportunität) zu 10 % mit gleichem Risiko an. Wenn du das Investment zu 8 % annimmst, dann „entgehen" dir 2 % mehr Rendite, die du bei der Alternative erhalten würdest. Dies sind deine Opportunitätskosten.

Eine allgemeine Opportunitätskostenformel gibt es leider nicht, da du je nach Anwendungsfall eine andere Berechnung vornehmen musst. Meist ist so eine Berechnung jedoch einfach und mit gesundem Menschenverstand leicht aufzustellen. Wichtig ist es, im Kopf zu behalten, dass es Alternativen gibt und es dich etwas „kosten" kann, diese nicht auszuwählen. Eine Entscheidung *für* etwas ist immer auch eine Entscheidung *gegen* etwas anderes.

Sei dir bewusst, dass es viele (Investment-)Möglichkeiten gibt und du deswegen gut abwägen solltest, wo du dein (begrenztes) Investmentbudget investierst.

2.7.3 Inflation und „Geldverlust"

Inflation ist einfach gesagt ein allgemeiner Preisanstieg. Nehmen wir an, der Joghurt, den du kaufst, kostet heute 1,00 €. Bei einer Inflationsrate von 3 % erhöhen sich die Preise, und im nächsten Jahr kostet derselbe Joghurt nun 1,03 €. Wenn du nun heute 1,00 € zur Bank bringst und sparst, erhältst du (bestenfalls) 1 % Zinsen darauf und hast nächstes Jahr 1,01 €. Leider fehlen dir im nächsten Jahr jedoch 0,02 € für deinen Joghurt, da die Inflation den Wert deines Geldes verringert bzw. den Preis des Produkts erhöht.

Die Rendite auf dein Investment sollte also immer größer sein als die Inflationsrate, denn sonst verlierst du Geld bzw. zukünftige Kaufkraft. Übersteigt die Inflationsrate die Rendite, so machst du logischerweise ein Verlustgeschäft. Bei 3 % Inflation (Preissteigerung) machst du bei einem Sparbuch mit 1,0 % Zinsen 2,0 % Minusrendite. Die Kaufkraft von 10.000 € sinkt nach einem Jahr theoretisch auf 9708 €. Praktisch stehen auf dem Konto natürlich 10.100 €. Nur kannst du dir damit nicht mehr genauso viel kaufen wie noch ein Jahr zuvor.

2.7.4 Finanzielle Repression und Sparen

Der Begriff der finanziellen Repression wurde schon vor Jahren in der Fachpresse diskutiert – und doch ist bei dem braven Bürger dieses Wort noch nicht angekommen, dabei ist er für uns Deutsche, eine Nation der Sparer, doch so wichtig. Finanzmarktwelt beschreibt es so: „‚Schleichender Sparverlust' oder Enteignung des Sparers zum Zwecke der Reduzierung der relativen Staatsverschuldung war und ist das Konzept der Europäischen Zentralbank (EZB), auch wenn es offiziell nie so benannt wurde" (Wolfgang Müller, 2019, *https://finanzmarktwelt.de/finanzielle-repression-der-langfristige-plan-der-ezb-der-immer-noch-nicht-aufgeht-118807/*, Finanzmarktwelt).

Die EZB senkte die Zinsen für längere Zeit unterhalb die Inflationsrate, dein Sparkonto verliert somit sukzessive an Wert (siehe Abschn. 2.7.3), während in einer wachsenden Wirtschaft durch die niedrigen Zinsen die Verschuldung zum BIP (Bruttoinlandsprodukt) nach und nach weiter sinkt, sowie es in Deutschland seit Jahren zu beobachten ist. Der Staat gewinnt und der Sparer verliert gleich zweimal. Einen Teil ihres Vermögens verlieren die Sparer durch die Inflation, weil die Zinsgewinne unterhalb der Inflationsrate liegen. Während die Zinspolitik der Notenbanken die Sparer belastet, freuen sich diejenigen, die Schulden machen – denn nicht nur ein Sparguthaben verliert an Wert, sondern auch ein Kredit. Hierzu später mehr im Bereich Immobilien (Kreditwerterosion).

Ist Inflation also schlecht? Nein. Inflation ist nur für dich ungünstig, wenn dein Geld eine geringere Rendite als die Inflationsrate abwirft.

Prinzipiell ist eine gesunde Inflationsrate gut für eine Volkswirtschaft und auch für den Aktienmarkt, da die Inflation normalerweise den Konsum erhöht. Da dein Geld jedes Jahr an Wert verliert, wirst du deine Käufe (deinen Konsum) nicht aufschieben, sondern du kaufst besser jetzt, solange dein Geld noch den aktuellen Wert hat. Der Konsum erhöht den Umsatz der Unternehmen. Je mehr Umsätze die Unternehmen machen, desto besser geht es ihnen. Die Eigentümer (= Aktionäre; also zukünftig auch du) bekommen höhere Ausschüttungen und mehr Arbeitnehmer können eingestellt und beschäftigt werden. Inflation ist also gesamtwirtschaftlich gesehen nichts Schlechtes, nur musst du die Auswirkung auf dich verstehen und antizipieren.

2.7.5 Leverage

Leverage bedeutet übersetzt „Hebel". Man nutzt einen Hebel, um mit weniger (eigenem) Input mehr Output zu erreichen. Es gibt verschiedene Arten von Leverage. Der offensichtlichste ist der finanzielle Leverage. Financial Leverage (OPM – Other People's Money):

Dies bedeutet, sich Geld zu leihen. Ziel ist es, mit dem Geld anderer Leute (z. B. der Bank), also mit Fremdkapital, mehr zu verdienen, als du ihnen zurückzahlen musst. Beim Investieren bedeutet es, dass du mit Hilfe von Fremdkapital mehr Rendite auf dein eigenes eingesetztes Kapital (= Eigenkapital) erzielst.

Beispiel: Financial Leverage
A) Ohne Leverage:
Nehmen wir an, du investierst 10.000 € Eigenkapital und erhältst mit einer 10-%-Gesamtkapitalrendite einen Gewinn von 1000 € pro Jahr.

Eigenkapital: 10.000 €
Fremdkapital: 0 €
Gesamtkapital: 10.000 €
Gesamtkapitalrendite: 10 %
Gewinn: 1000 €

Um die Funktionsweise des Leverage-Effekts nachvollziehen zu können, ist die Eigenkapitalrendite von besonderer Bedeutung. Kurz gesagt ist diese der Gewinn, den du auf jeden Euro erhältst, den du selbst investiert hast. Sie gibt das Verhältnis zwischen Gewinn und investiertem Eigenkapital (deinem eigenen Geld) an und erteilt so Auskunft über die Wirtschaftlichkeit. Je höher die Eigenkapitalrendite, desto besser. Sie lässt sich anhand folgender Formel berechnen:

$$\text{Gewinn}/\text{Eigenkapital} \times 100 = \text{Eigenkapitalrendite}$$

Für unser Beispiel lässt sich die Eigenkapitalrendite wie folgt errechnen:

$$1000 \text{ EUR} / 10.000 \text{ EUR} \times 100 = 10\%$$

In der Berechnung ohne Fremdkapital und somit ohne Leverage-Effekt beträgt die Eigenkapitalrendite 10 %. Was passiert jedoch, wenn ich Fremdkapital aufnehme und der Hebeleffekt durch die Verschuldung zum Tragen kommt?

B) Mit Leverage
Dieses Mal nehmen wir Fremdkapital, z. B. ein Bankdarlehen, über 10.000 € auf und investieren das geliehene Geld gemeinsam mit unseren eigenen 10.000 €. Somit beträgt das investierte Gesamtkapital nun 20.000 €. Die Gesamtkapitalrendite bleibt bei 10 % und damit beträgt der nominale Gewinn insgesamt 2000 €.

Eigenkapital: 10.000 €
Fremdkapital: 10.000 €
Gesamtkapital: 20.000 €
Gesamtkapitalrendite: 10 %
Gewinn vor Darlehenskosten: 2000 €

Das zusätzliche Kapital gibt es natürlich nicht geschenkt: Der Bankkredit wird mit 5 % verzinst. Daraus resultieren Darlehenskosten von 500 €. Diese Ausgaben müssen vom Gewinn abgezogen werden, um deinen Gewinn zu erhalten, der dann bei 1500 € liegt.

Fremdkapital-Zins: 5 %
Kreditkosten: 500 €
Gewinn nach Darlehenskosten: 1500 €

Nun errechnen wir erneut die Eigenkapitalrendite:

$$1500 \text{ EUR} / 10.000 \text{ EUR} \times 100 = 15\%$$

Durch die Hinzunahme von Fremdkapital in Form eines Darlehens konnte der Leverage-Effekt genutzt werden und die Eigenkapitalrendite wurde von 10 % auf 15 % gesteigert. Statt 1000 € beträgt der Gewinn für dich als smarten Investor nun 1500 € nach Abzug der Kosten.

Leverage ist also etwas sehr Interessantes, jedoch auch sehr Gefährliches. Wie viel Fremdkapital kann bzw. sollte man also aufnehmen? In der Theorie gilt, dass du bei einem Investment so viel Fremdkapital aufnehmen kannst und solltest, wie die Gesamtkapitalrendite (%) deiner Investition größer als deine Fremdkapitalzinsen (%) ist. Ein weiterer wichtiger Faktor, der hier hineinspielt, ist die Risikoaversion, also wie wohl du dich mit höherem Risiko fühlst. Mehr Fremdkapital bedeutet mehr Risiko, da du mehr Geld zurückzahlen musst, egal, wie dein Investment verläuft. In der Praxis gibt es keine Patentlösung. Für dich ist es wichtig zu verstehen, dass gute Schulden deine Eigenkapitalrendite erhöhen können, wenn du diese klug einsetzt.

Es gibt jedoch nicht nur die finanzielle Hebelwirkung. Ich bin mir sicher, mit den folgenden Leverage-Arten bist du schon in Berührung gekommen.

Time Leverage (OPT – Other People's Time)
McDonalds könnte niemals nur von einer einzigen Person betrieben werden. Um ein größeres Rad zu drehen, benötigt man Manpower, Angestellte, menschliche Unterstützung. Wenn du Angestellte hast, dann leihst du dir ihre Zeit und bezahlst sie dafür. Ziel ist es, dass jeder Angestellte bzw. alle in Summe mehr Geld für dich erwirtschaften, als du für sie bezahlst. Du hebelst somit deine Eigenkapitalrendite mit der Zeit anderer Leute.

2 Fundamentales Wissen 25

Resource Leverage (OPR – Other People's resources)
Durch die Nutzung von Netzwerken, strategischen Partnern, kannst du Netzwerkeffekte generieren. Du hebelst hier deine Eigenkapitalrendite durch die Zusammenarbeit mit anderen. Ein Beispiel wäre, durch Einkaufsgemeinschaften günstigere Preise pro Stück zu erzielen.

Knowledge Leverage
Deine finanzielle Bildung, dein Verstand und dein Geist – dies ist der größte Hebel von allen. Dein größter Vermögenswert ist dein Verstand. Egal, wie die wirtschaftlichen, politischen oder sozialen Rahmenbedingungen sich verändern, je höher deine finanzielle Bildung, desto besser kannst du darauf erfolgreich reagieren. Du wirst erfolgreicher damit umgehen können, während andere Opfer der Veränderung werden. Wenn du weißt, wie man ein Vermögen schaffen kann, dann musst du keine Angst haben, wenn jemand oder die Umstände dir dein Vermögen wegnehmen, weil du weißt, wie man sich jederzeit wieder ein neues Vermögen aufbaut.

„Es gibt nur eins, was auf Dauer teurer ist als Bildung: keine Bildung."
– John F. Kennedy –

Nun aber Schluss mit der grauen Theorie. Du hast nun lange genug der Theorie gelauscht und verstanden, wie man Schwert und Schild benutzt. Lass uns in die echte Welt hinaustreten und uns endlich auf den Weg machen, um das Monster plattzumachen!

3

Das Ziel ist der Weg

3.1 Wo stehen wir gerade?

Was ist der erste Schritt, bevor man die große Reise antritt? Richtig. Bestandsaufnahme: Wo stehen wir eigentlich gerade und was haben wir schon alles am Start?

Für uns bedeutet das, erst einmal zu analysieren, wie denn deine Cashflows aktuell aussehen.

Hierzu erstellen wir zuerst eine „Free Cashflow" (FCF)-Rechnung, um den Überblick über deine Einnahmen (CIF) und Ausgaben (COF) zu erstellen. Aus dieser Rechnung zeigt sich dein monatlicher FCF. Dieser ist sehr wichtig, da dieser deine Spar- bzw. Investmentrate (IR) darstellt. Diesen Betrag hast du jeden Monat „übrig" nach allen CIF minus COF und kannst ihn investieren, um Vermögenswerte zu kaufen, welche dann mehr Einkommen generieren.

Übung: Free Cashflow (FCF)
Lass uns loslegen! Erstelle nun deine eigene FCF-Rechnung und nimm dir ruhig ein bisschen Zeit dafür. Gehe dafür auch deine Kontoauszüge durch und sieh nach, welche Einnahmen und welche Ausgaben du hast.

3 Das Ziel ist der Weg

Versuche diese nach jeweils 2 Kategorien zu sortieren: aktives und passives Einkommen und fixe und variable Kosten. Versuche möglichst umfassende Kategorien zu bilden, um das Tracking auf Dauer nicht zu umständlich zu machen.

Ich habe dir eine Übersicht (siehe Tab. 3.1) mit ein paar Unterkategorien als Beispiel dargestellt, die du nutzen kannst. Du kannst jedoch auch gerne eigene Unterkategorien bilden oder mit meiner Vorlage arbeiten. Damit du nicht alles abtippen musst, habe ich dir diese Übersicht in Excel auf meiner Website www.deine-finanziellefreiheit.com zum Download zur Verfügung gestellt.

Aktualisiere diese Übersicht (Tab. 3.1) regelmäßig (mindestens einmal pro Jahr), um zu sehen, ob du auf dem Weg zu deinem Ziel bist. Das Schöne daran ist: Je mehr passiven CIF du aufbaust, desto weniger ab-

Tab. 3.1 FCF-Rechnung

FCF-Rechnung	Monatlich	Jährlich
Aktives Einkommen (CIF)		
- als Angestellter		
- als Selbstständiger		
Summe	+	+
Passives Einkommen (CIF)		
- Dividenden, Zinsen		
- Mieterträge		
- Sonstiges (P2P, Lizenzen)		
Summe	+	+
Fixe Kosten (COF)		
- Miete und Nebenkosten		
- Versicherungen		
- Haushalt und Verpflegung		
- Handy, WiFi		
- Kleidung		
- Urlaub		
- Fortbildung (Uni, Bücher)		
- Sonstiges (Gym, Bahn- und Busticket)		
Summe	-	-
Variable Kosten (COF)		
- Konsum (Auto, Schmuck, Luxus, Ausgehen etc.)		
- Sonstiges		
Summe	-	-
Free Cashflow (FCF)	=	=

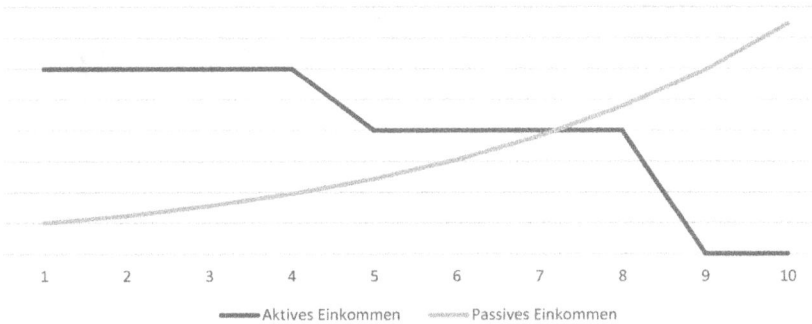

Abb. 3.1 Aktives vs. passives Einkommen. (Eigene Darstellung)

hängig bist du von deinem aktiven CIF. Dies hat zur Folge, dass du deine Arbeitszeit in deinem Hauptjob reduzieren kannst, um mehr Freiheit zu genießen und dich um wichtigere Dinge (wie z. B. Reisen oder ein Unternehmen gründen) kümmern kannst. Im Idealfall könntest du deinen Job theoretisch komplett an den Nagel hängen, falls du das möchtest. Wichtig ist das Wort „könntest". Du musst nicht. Wenn dir dein Job weiterhin richtig Spaß macht, solltest du damit weitermachen. Trotzdem ist es ein sehr gutes Gefühl, nicht mehr zur Arbeit zu gehen, weil man *muss*, sondern, weil man *will*. Einen beispielhaften Einkommensverlauf habe ich dir in Abb. 3.1 einmal dargestellt.

3.2 Wo wollen wir hin?

Wie bereits gelernt, bist du finanziell unabhängig bzw. finanziell frei, wenn dein passiver CIF deine fixen Kosten übersteigt. Von da ab kannst du dich zurücklehnen und deine Vermögenswerte für dich „arbeiten" lassen. Lass mich dir den geplanten Verlauf in Abb. 3.2 einmal exemplarisch grafisch verdeutlichen.

Wir sehen uns also vorerst nur den passiven CIF und die Fixkosten an. Wie hoch muss dein passiver CIF also sein, um deine Fixkosten zu decken? Trage nachfolgend deine bereits kalkulierten monatlichen gesamten fixen Kosten ein. Da diese ja „Nettoausgaben" sind, du also die Kosten aus deinem bereits versteuerten Einkommen bzw. Vermögen deckst,

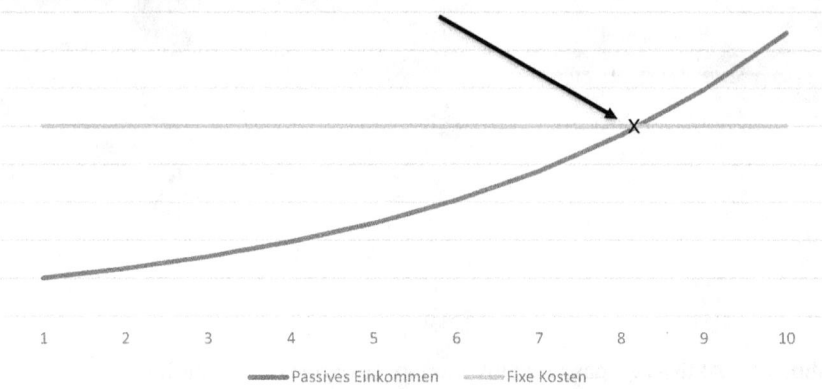

Abb. 3.2 „Break Even"/Financial Freedom Point. (Eigene Darstellung)

darfst du die Steuern bei der Berechnung deines geplanten passiven CIF nicht vergessen. Um realitätsnah zu planen, müssen wir herausfinden, welches „Bruttoeinkommen", also welchen passiven CIF *vor* Steuern, wir jährlich „verdienen" bzw. erhalten müssen, um unsere Kosten auch nach Steuerabzug bezahlen zu können. Nimm hierfür einfach deine monatlichen Kosten und teile diese durch (1 minus deinen Steuersatz).

Ein Beispiel
Meine monatlichen Kosten sind ca. 1500 €. Um diese zu decken, benötige ich also auch einen monatlichen passiven CIF nach Steuern von 1500 €. Um meinen monatlichen passiven CIF **vor** Steuern zu berechnen, teile ich diesen durch 0,7. Ich nehme vereinfacht einen Steuersatz von 30 % an. In meinem Fall rechne ich also 1500 €/(1 - 0,3) = 2143 €. Mein monatlicher passiver CIF vor Steuern muss also mindestens 2143 € mtl. bzw. 23.714 € jährlich betragen, damit ich finanziell frei bin. Runde diese Zahl gerne auf 25.000 €, denn lieber übertreffen wir unser Ziel, als dass wir es nicht erreichen.

> **Übung: Benötigter passiver CIF**
> Weiter geht es! Berechne nun, welchen passiven CIF vor und nach Steuern du benötigst, um deine fixen Kosten zu decken (siehe Tab. 3.2).

Tab. 3.2 Benötigter passiver CIF

	Monatlich	Jährlich
Fixe Kosten		
CIF nach Steuer		
CIF vor Steuer		

Da jeder von uns einen unterschiedlichen Steuersatz hat, lassen wir im Folgenden jedoch die steuerliche Thematik beiseite und gehen bei allen Werten (Cashflows oder Renditen) immer von Werten *nach* Steuer aus. Wie du dann von diesen auf deine Werte *vor* Steuer kommst, hast du eben gelernt und kannst das selbstständig mit deinem realen Steuersatz berechnen. Auch hierzu findest du eine Excel-Vorlage auf meiner Website: www.deine-finanziellefreiheit.com.

3.3 Wie kommen wir dahin?

3.3.1 Zielwert Vermögenswerte

Wir fassen zusammen. Unser Ziel ist die finanzielle Freiheit. Diese erreichen wir, wenn unser passiver CIF mindestens gleich unserer Fixkosten ist.

> **Finanzielle Freiheit = passiver CIF = fixe Kosten**

Natürlich kommt nun die Frage auf, wie schaffe ich es, dass mein passiver CIF gleich meinen fixen Kosten ist? Mit einer „Arbeiterschaft" von kleinen Vermögenswerten, die für uns arbeiten und regelmäßig Renditen abwerfen, die dann den passiven CIF darstellen. Einfach ausgedrückt: Wie viel Geld muss ich (investiert) haben, damit ich von den Erträgen (Zinsen, Dividenden, Mieten etc.) leben kann?

Es gibt verschiedene Stellschrauben, die wir uns genauer ansehen wollen. Folgende Formel hilft uns dabei zu verstehen, welche Variablen Einfluss auf unseren passiven CIF und unseren Plan haben. Je besser wir das System verstehen, desto besser können wir an den wichtigsten Stellschrauben drehen.

> **Passiver CIF = V * R**

Passiver CIF = Zinsen, Dividende, Mieterträge
V = Vermögenswerte (z. B. Aktien, vermietete Immobilien)
R = jährliche Rendite (z. B. Dividendenrendite, Verzinsung)

Beispiel
Du besitzt eine vermietete Immobilie im Wert von 350.000 € (V) und erhältst 17.500 € Miete (passiver CIF). Hier beträgt deine Rendite (R) = 5 %.

Außerdem besitzt du noch Aktien im Wert von 250.000 € (V) und erhältst eine Dividende (passiver CIF) von 7500 € und somit ist die Rendite (R) gleich 3 %. Die Rechnung für dein „Portfolio" wäre in diesem Beispiel:

$$\text{Passiver CIF} = 350.000 \text{EUR} * 5\% + 250.000 \text{EUR} * 3\% = 25.000 \text{EUR}$$

Die Rendite auf deine gesamten Vermögenswerte wäre somit 25.000 €/600.000 € = 4 %.

Wie machen wir in unserem Fall weiter? Wir wissen nun, dass unser passiver CIF durch unsere Vermögenswerte (V) und unsere Rendite (R) bestimmt wird. Doch wie viel Vermögenswerte bei welcher Rendite benötigst du nun? Die Vermögenswerte bzw. deine Arbeiterschaft an produktivem Kapital, die wir für unseren geplanten passiven CIF benötigen, werden durch unsere Rendite bestimmt. Diese hängt wiederum von der Auswahl unserer Investitionen ab. Welche Möglichkeiten es gibt, erkläre ich dir in einem späteren Kapitel.

Um nun zuerst unseren Zielwert für unsere Vermögenswerte (A) zu erhalten, müssen wir unsere Formel umstellen:

Vermögenswerte = passiver CIF/R

Beispiel
Wir arbeiten an unserem Beispiel weiter und nehmen an, du benötigst einen jährlichen passiven CIF von 25.000 €, um deine Ausgaben zu decken. Da wir noch nicht bei dem Investieren sind, nehmen wir vorerst verschiedene Renditen und sehen uns an, welchen Einfluss diese auf unseren Zielwert für unsere Vermögenswerte (V) hat. Wie groß muss meine Arbeiterschaft an produktivem Kapital sein, um bei verschiedenen Renditen einen passiven CIF von 25.000 € zu erhalten?

Beispielrechnung
Du siehst also in Tab. 3.3: Um auf einen passiven CIF von 25.000 € zu kommen, benötigst du bei 1 % Rendite: 2,5 Mio. € an produktivem Kapital. Puh, 2,5 Mio. €? Wie sollst du das denn jemals beiseitelegen? Ja, das waren auch meine Gedanken. Ein unüberwindbares Hindernis für unseren Helden? Nein, lass uns weitermachen, und ich zeige dir, wie auch du es zu deiner persönlichen finanziellen Freiheit schaffst. Bei einer Rendite von z. B. 7 % benötigst du nur noch ca. 360.000 € und bei 20 % sogar nur noch 125.000 €. Das klingt doch schon eher im Rahmen des Machbaren, oder? Die Quintessenz ist hier also: Je höher deine Rendite auf deine Vermögenswerte, desto weniger benötigst du davon, um dein Ziel zu erreichen. Dies bedeutet im Umkehrschluss, dass du schneller dort

Tab. 3.3 Beispielrechnung. (Eigene Darstellung)

Rendite (R)	Vermögenswerte (V)
1 %	2.500.000
5 %	500.000
7 %	357.143
10 %	250.000
20 %	125.000

ankommst, wo du hinwillst, weil der Weg kürzer wird. Wie wir die Rendite steuern und verbessern können, lernst du in Kap. 4. Auch 20 % Rendite und mehr sind möglich. Ich persönlich habe sehr gute Erfahrungen mit Immobilien in Valencia, Spanien gemacht. Mehr Infos dazu findest du auf www.deine-finanziellefreiheit.com. Auf das Thema Immobilieninvestitionen gehe ich später in diesem Buch noch genauer ein.

Übung 5: Zielwert Vermögenswerte
Erstelle nun eine Tabelle (siehe Tab. 3.4) mit einem Zielwert für deine Vermögenswerte mit unterschiedlichen Renditen und finde heraus, bei welcher Rendite du welchen Zielwert an Vermögenswerten benötigst. Nimm hierfür deinen bereits ermittelten benötigten jährlichen passiven CIF und Teile ihn durch die jeweiligen Renditen (%).

Benötigter passiver CIF: _____

Sehr schön. Wir wissen nun, wie groß unsere Arbeiterschaft an produktivem Kapital bei spezifischen Renditen sein muss, damit wir finanziell frei sind. Doch wie lange benötigst du, um auf diesen Wert zu kommen und somit finanziell frei zu sein?

3.3.2 Investment Rate

Wovon hängt die Bildung deines produktiven Kapitals ab? Zum einen von deiner Investment Rate, also wie viel Geld du monatlich/jährlich investierst und wie stark du somit deine Arbeiterschaft an produktivem Kapital aufbaust. Zum anderen von der Rendite deines schon gebildeten produktiven Kapitals, da dieses ja weiteren passiven CIF generiert, den

Tab. 3.4 Zielwert Vermögenswerte. (Eigene Darstellung)

Rendite (R)	Vermögenswerte (V)
1 %	
5 %	
7 %	
10 %	
20 %	

du wieder investieren kannst. Die Formel sieht zu Beginn kompliziert aus, aber das ist sie im Endeffekt gar nicht:

$$V = IR * \{(1+R)^{\wedge} n\} / \{(1+R) - 1\}$$

V = Vermögenswerte
IR = Investment Rate (pro Jahr)
R = Rendite
n = Jahre

Beispiel
Du legst jährlich 10.000 € zum Investieren beiseite (Investment Rate) und mit deinen Investitionen strebst du, nach dem Lesen dieses Buches, eine Rendite von 10 % an. Bei dieser Rendite und deinem benötigten passiven CIF von 25.000 € ist dein Zielwert an Vermögenswerten 250.000 €. Die Formel nach (n) umzustellen sieht leider noch komplizierter aus und dies musst du dir auch nicht einprägen. Gerne schreibe ich dir hier die Excel-Formel auf, die du mit deinen Zahlen in deine eigene Excel-Datei übertragen kannst.

$$N = log(V \times R / IR + 1) / log(1+R)$$

Für unseren Fall habe ich die Tabelle um eine Spalte erweitert, um darzustellen, wie lange du in unserem Beispiel benötigst, um deine finanzielle Freiheit zu erreichen.

Investment Rate (IR) pro Jahr: 10.000 €.

Offensichtlich wird in Tab. 3.5 nun, wie unwahrscheinlich es ist, bei einer Rendite von 1 % und einer jährlichen Investment Rate von 10.000 €

Tab. 3.5 Jährliche Investmentraten und Renditen

Rendite	Vermögenswerte	Jahre bis zur finanziellen Freiheit
1 %	2.500.000	126
5 %	500.000	26
7 %	357.143	19
10 %	250.000	13
20 %	125.000	7

die finanzielle Freiheit zu erreichen. Top – nach 126 Jahren disziplinierten Sparens und Investierens kannst du dir dann endlich die Premium Rheumasalbe leisten und aufhören zu arbeiten! Das ist natürlich Unsinn. Doch an welchen Stellschrauben können und wollen wir drehen? Der passive CIF ist genauso fix wie unsere Kosten. Der Zielwert unserer Vermögenswerte sowie die Zeitdauer sind Resultate unserer Formelberechnung. Wir können also nur an unserer Rendite und unserer Investment Rate etwas signifikant verändern. Und genau hier wollen wir auch ansetzen. Vielleicht schaffen wir es, auf unter 10 Jahre zu kommen? Auch dies ist eine lange Zeit, aber ich habe es zu Beginn schon gesagt: Der Held muss auf eine lange gefährliche Reise gehen, bevor er das Monster besiegen kann. In diesem Buch findest du keine Scharlatan-Augenwischer-Tricks, Über-Nacht-Millionär-Crypto-Scam-Modelle oder Blumenwelten. Hier gibt es die Wahrheit und eine klare Strategie, mit der tausende Leute bereits reich geworden sind und auch du dein Ziel zu dem gegebenen Zeitpunkt erreichst. Sicher, kalkuliert und smart.

> „Du kannst kein Baby in einem Monat auf die Welt bringen, indem du neun Frauen schwängerst."
> – Warren Buffet –

Zusammenfassung: Je höher deine Rendite und Investment Rate, desto schneller kommst du an dein Ziel, finanziell frei zu sein.

4

Wie du mehr Geld zum Investieren hast

Bevor man Geld investieren kann, muss man erst einmal Geld haben bzw. verdienen. Wenn du gerade einen dicken Batzen Geld rumliegen hast und auch keine Lust hast, noch mehr zu verdienen, kannst du dieses Kapitel gerne überspringen. Alle anderen, die noch eine Finanzspritze gebrauchen können oder einfach Lust am Geldverdienen haben, sollten dieses Kapitel aufmerksam lesen.

Anbei habe ich dir mit Abb. 4.1 ein vereinfachtes Übersichtsmodell erstellt, das die Zusammenhänge zwischen den nachfolgend relevanten Variablen darstellt und deutlich macht, auf welche Punkte wir uns fokussieren müssen. Damit du nicht extra noch einmal nach vorne zum Glossar blättern musst, hier noch einmal die ausgeschriebenen Abkürzungen:

CIF: Cash Inflow (z. B. Gehalt, Dividende, Zinsen)
COF: Cash Outflow (z. B. Miete, Lebenshaltungskosten)
FCF: Free Cashflow
IR: Investment Rate

Von welchen beiden Variablen hängt deine Investment Rate, also dein Free Cashflow (FCF) ab? Richtig, von deinem Cash Inflow (CIF) und

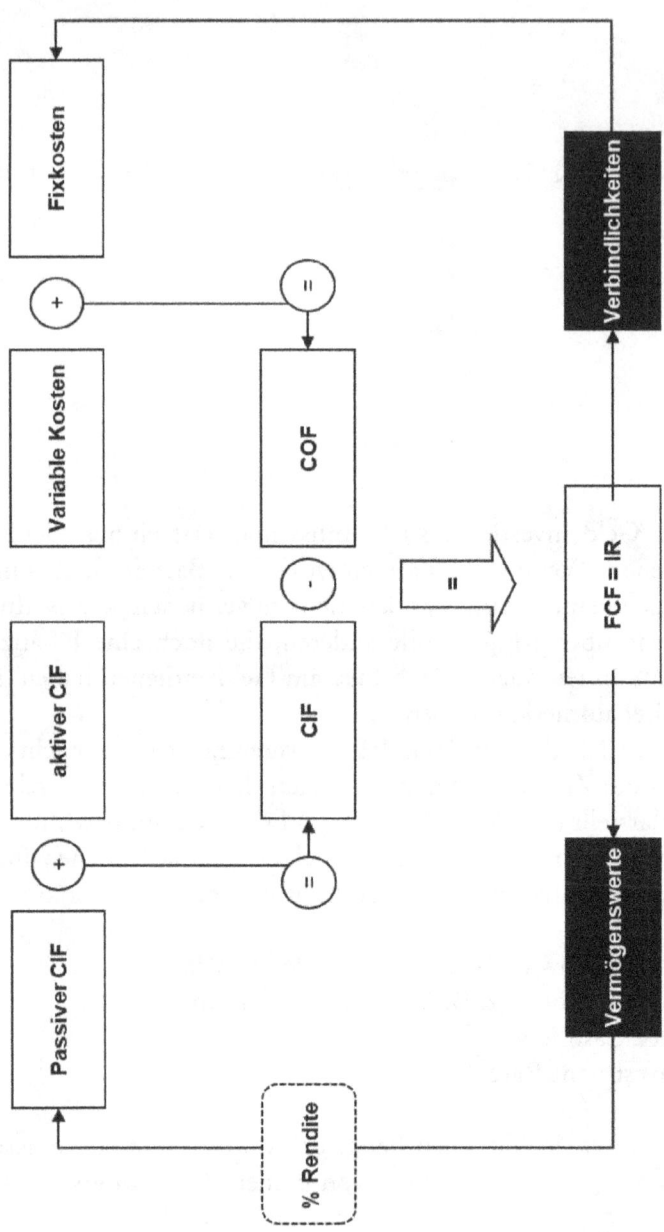

Abb. 4.1 Relevante Variablen für die Investment Rate. (Eigene Darstellung)

deinem Cash Outflow (COF). Um deine Investment Rate zu erhöhen, hast du grundsätzlich 2 offensichtliche Möglichkeiten: Reduziere deine Ausgaben (COF) oder erhöhe dein Einkommen (CIF)!

Nur durch das Kaufen von billigerem Toilettenpapier ist jedoch noch keiner reich geworden und auch ich kann diese Methode nicht empfehlen. Man konditioniert sich auf das falsche Mindset: Geld ist rar. Reich werden beginnt im Kopf. Nimm dir reiche Leute als Vorbild und versuche, deren Mindset zu kopieren. Du musst anfangen, wie Reiche zu denken, um reich zu werden. Wenn du weiterhin denkst wie Arme und Angehörige der Mittelschicht, dann wirst auch du arm oder in der Mittelschicht bleiben. Natürlich ist es sinnvoll, (v. a. unsinnige) Ausgaben zu reduzieren, jedoch in einem gesunden Maße. Nur von Reis und Wasser zu leben, ist auf Dauer nicht gesund und macht dich sicher nicht zum Millionär, geschweige denn finanziell frei. Der richtige Weg ist der, den CIF zu erhöhen und die *unnötigen* Ausgaben zu verringern. Natürlich können „Spar-Packages" hin und wieder ein paar Euro sparen und diese könnte man dann gewinnbringend investieren, aber seien wir ehrlich zu uns selbst. Wenn du durch die Wahl des Spar-Packages 1,50 € sparst, gehst du dann direkt zur Bank, zahlst diese 1,50 € ein und investierst diese dann direkt weiter? Also ich sicher nicht. Zu viel Aufwand, zu wenig Ertrag. Stattdessen lassen wir die 1,50 € im Geldbeutel und geben diese auf dem Heimweg für den Kauf einer (zugegeben sehr leckeren) Leberkäsesemmel aus. Die Quintessenz? Leberkäsesemmeln sind einfach lecker, und du musst dich darauf konzentrieren, mehr Einkommen aufzubauen, anstatt dein Leben massiv einzuschränken. Ich will dir nicht vorschreiben, dass du nicht mehr am Wochenende Party in Clubs machen, deine Golf- oder Netflix-Mitgliedschaft kündigen oder dein Auto verkaufen sollst, um deine Kosten zu reduzieren. Dieses Buch soll dir einen Weg aufzeigen, wie du all diese Sachen und noch viele mehr mit gutem Gewissen (weiter-)machen kannst. Dieses Buch soll dein Leben weder einengen noch die schönen Dinge, die nun einmal meistens Geld kosten, aus deinem Leben verbannen. Dieses Buch soll dein Leben und deine Möglichkeiten erweitern und dir einen Weg zu einer Freiheit von finanziellen Sorgen und Abhängigkeit aufzeigen, den Weg zu deiner finanziellen Freiheit.

Warum schauen wir uns dann aber den COF überhaupt an? Nehmen wir an, du willst einen löchrigen Eimer mit Wasser füllen. Du holst dir den Gartenschlauch, drehst das Wasser auf und spritzt Wasser in den Eimer. In dem Moment, in dem der Wasserstand etwas steigt, fließt das Wasser aus den ganzen Löchern im Eimer wieder heraus. Quizfrage: Was ist die bessere Strategie: Den Wasserhahn weiter aufdrehen und den Druck erhöhen oder kurz das Wasser abdrehen, die Löcher stopfen und wieder entspannt neues Wasser einlassen? Die meisten denken, sie sind nicht reich oder finanziell frei, weil sie nicht genug verdienen. Dabei kommt es nicht nur darauf an, wie viel Wasser „in den Eimer hineinkommt", sondern auch, wie viel davon gleich unten wieder rausfließt.

„Reich wird man nicht durch das, was man verdient, sondern durch das, was man nicht ausgibt."
– Henry Ford –

Zusammengefasst: Stopfe zuerst die Löcher in deinem Eimer. Vermeide also unnötige COF und erhöhe parallel deinen CIF. Lass uns also zuerst „den Frosch essen" und uns einmal die Ausgabenseite ansehen. Vielleicht kann ich dir hier noch den ein oder anderen Tipp geben.

4.1 Vermeide (unnötigen) Cash Outflow (COF)

Der erste Schritt ist wie immer die Statuskontrolle. Wo stehen wir gerade? Nur wenn wir eine Übersicht über unsere Ausgaben haben, haben wir auch die Kontrolle. Lass mich dir ein paar Tipps geben, um die Ausgabenseite zu tracken, zu kontrollieren und zu optimieren.

Es gibt bereits einige Apps, mit denen man seine Finanzen im konsolidierten Überblick tracken kann. Man kann dann hier seinen COFs gewisse Kategorien (Urlaub, Freizeit, Essen etc.) zuweisen und dann nachvollziehen, in welchen Bereichen die größten Ausgaben geschehen und wie sich die COF-Kategorien mit der Zeit entwickeln. Früher schrieb man seine Einnahmen und Ausgaben in (echte) Bücher. Man behielt damit den Überblick und konnte leicht „Trends" erkennen. Bestellt man vielleicht zu oft beim Lieferservice? Geht man überraschenderweise doch öfter in den Club und gibt mehr als geplant aus? Heutzutage kann man dies schnell, einfach und kostenlos per App tracken und somit unnötige (Mehr-)Ausgaben eliminieren. Du musst so ein „Haushaltsbuch" nicht dein Leben lang führen, aber es wird dir sehr viel weiterhelfen, wenn du dieses 6–12 Monate führst. Selbst wenn du danach aufhörst, wirst du ein gutes Gefühl und eine viel bessere Übersicht über deine Finanzen und deine Ausgabegewohnheiten entwickelt haben. Beispiele für kostenlose Apps sind z. B. Haushaltsbuch Money Manager, Goodbudget oder MoneyStats etc.

> „Wer Sachen kauft, die er nicht braucht, wird bald Sachen verkaufen müssen, die er hat."
> – Warren Buffet –

Wichtig ist es auch, Schulden mit einem sehr hohen Zins so schnell wie möglich zu tilgen, falls du mit dem Geld nicht anderswo *mehr* Rendite erzielen kannst (siehe Abschn. 2.7.2 Opportunitätskosten). Wenn du z. B. einen Konsumkredit mit 8 % Zinssatz aufgenommen hast und ein Investment dir 10 % Rendite bringt, dann könntest du das Geld investieren und später zurückzahlen, da du 10 % - 8 % = 2 % Zinsgewinn erzielst. Bei einem Konsumkredit mit 10 % und Alternativanlagen von unter 10 % solltest du deinen Kredit jedoch möglichst schnell abbezahlen.

Auch wenn es ein banaler Tipp ist, den jeder kennt: selbst kochen statt Essen gehen. Das macht in der Summe einen großen Unterschied aus. Ein Beispiel gefällig? Gerne. Nehmen wir an, du gehst jeden Tag mit deinen Kollegen zum Lunch und gibst durchschnittlich 10 € pro Lunch aus. Bei einem normalen Arbeitsjahr betragen deine Arbeitstage ca. 250 Tage. Das sind 2500 € pro Jahr, die von deinem Nettogehalt weggehen nur für den täglichen Lunch. Nehmen wir an, du schaffst es, die Lunchkosten durch selbst Kochen, Vorkochen, gesunde Snacks etc. auf 2,50 € pro Tag zu reduzieren. Was „sparst" du dir damit und kannst es auf deine Investmentrate packen? 2500 € - 625 €= **1875 €,** die du jährlich on Top noch investieren kannst.

Da jeder investierte Euro ein kleiner Arbeiter ist, der 24/7 für dich und deine finanzielle Freiheit hart arbeitet, solltest du dich vor jeder Geldausgabe fragen: Will ich das oder brauch ich das?

4.2 Steigere deinen Cash Inflow (CIF)

4.2.1 Aktiver Cash Inflow

Dein Gesamt-Cash-Inflow (CIF) bestimmt sich durch deinen passiven Cash Inflow, der durch deine Vermögenswerte produziert wird, und deinen aktiven Cash Inflow, der durch deinen Job oder andere aktive Tätigkeiten generiert wird.

Da uns langfristig vorrangig der passive CIF zur finanziellen Freiheit führt, fokussieren wir uns natürlich auf diesen. Jedoch ist v. a. in der Anfangsphase auch der aktive CIF relevant, da er uns hilft, aktiv Geld zu verdienen, was unseren Free Cashflow und somit unsere Investment Rate erhöht. Dieses Geld können wir dann in Vermögenswerte investieren, welche wiederum unseren passiven CIF erhöhen. Wie du siehst, ist das Ganze ein Kreislauf, der sich wie ein herunterrollender Schneeball selbst füttert und fast wie von allein größer wird. Lass uns deswegen nachfolgend ein paar Möglichkeiten besprechen, wie auch du neben deinem Vollzeitjob noch ein wenig Geld aktiv dazu verdienen kannst, um deinen Weg in die finanzielle Freiheit zu beschleunigen.

Da die Liste an Möglichkeiten sich ständig erweitert und auch dieses Buch sprengen würde, habe ich ein paar herausgepickt, die meines Erachtens gute und einfach umsetzbare Möglichkeiten sind, um mehr Einkommen neben dem Vollzeitjob zu generieren.

Nebenjob
Die offensichtlichste Methode, deinen CIF zu erhöhen, ist, einen Nebenjob anzufangen, mit dem du neben deiner Vollzeitarbeit ein bisschen Extra Cash machen kannst. Die Spanne reicht hier von Nachhilfe geben zu Kellnern, Fahren für Uber etc.

Expertenwissen
Wenn du dich in einem Bereich gut auskennst, dann kannst du auch dieses Wissen und Erfahrungen zu Geld machen. Coache andere Leute oder biete deine Dienstleistung auf Freelancer-Plattformen wie z. B. Upwork oder Fiverr an. Du haderst mit dir, weil du dich nicht wie

ein „Experte" fühlst? Keine Angst, es reicht, wenn du mehr als die meisten über das Thema weißt. Du musst nicht der Beste in deinem Bereich sein; nur 10 % besser als der Durchschnitt. Und diese 10 % verkaufst du als Dienstleistung.

Verkaufe alte und gebrauchte Sachen
Muss ich dazu viel sagen? Dies ist eine der schnellsten und einfachsten Möglichkeiten, etwas Geld (zurück) zu verdienen. Wir alle haben alte Klamotten, CDs, Möbel, Wertsachen im Keller liegen, und wir wissen insgeheim, dass wir diese nie wieder auch nur beachten werden. Dennoch trennen wir uns nicht von ihnen, weil wir ihnen gedanklich noch denselben Wert zumessen, den wir damals dafür gezahlt haben. Sortiere aus, schau dir an, was du nicht mehr brauchst, und starte besser früher als später, Gebrauchtes zu verkaufen. Das Zeug wird nicht mehr wert mit der Zeit, eher weniger. Außer du hast einen super Oldtimer im Keller stehen: Dann lass ihn da und pflege ihn gut. Im Internet gibt es zahlreiche Gruppen, Webseiten und Apps (Ebay, eBay Kleinanzeigen, Shpock, Kleiderkreisel, Facebook etc.), auf denen der Verkauf von gebrauchten Sachen leicht möglich ist. Oft wird man von den guten Preisen überrascht, die man mit gebrauchten Sachen erzielen kann.

Sidepreneur: Aktiv wird zu passiv
Richtig reich wird man nicht als Angestellter, sondern nur als selbstständiger Unternehmer. Schau dir dafür die Liste der 100 reichsten Menschen der Welt an, dann siehst du, dass die überwiegende Mehrheit Unternehmer ist. Hast du nicht auch schon länger davon geträumt, dein eigenes Unternehmen zu besitzen und zu leiten, dein eigener Chef zu sein und das zu machen, was deine Passion ist?

> „Wenn Sie wirklich reich werden wollen, müssen Sie ein Unternehmen gründen."
> – John Paul Getty –

Ich habe selbst schon mehrere Unternehmen neben einer Vollzeittätigkeit gegründet und habe das Unternehmertum „durchleben" dürfen. Es waren schöne, sehr lehrreiche und nicht immer einfache Erfahrungen.

Man erwirbt Fähigkeiten, die man in seinem ganzen Leben als Angestellter nicht erwirbt. Bevor du jetzt aber die Bürotür deines Chefs eintrittst und ihm deine Kündigung um die Ohren haust, um Vollzeit das nächste Google zu gründen: Mein Rat hält sich an den von Warren Buffet:

> „Teste nie die Wassertiefe mit beiden Füßen gleichzeitig."
> – Warren Buffet –

Wenn es dich zum Unternehmertum zieht, dann gründe vorerst ein kleines Start-up, das du neben deinem Vollzeitjob betreibst. Lasse dir das vorher von deinem Chef schriftlich genehmigen. Werde zum „Sidepreneur", und wenn dein Business erfolgreich ist und du genug oder mehr verdienst als in deinem aktuellen Job, kannst du jederzeit deinen Vollzeitjob kündigen und dich auf den Ausbau deines passiven CIF konzentrieren oder dich in die Hängematte auf den Bahamas legen und dich entspannen.

Optimal ist ein Start-up, welches du vorerst zeitunabhängig, abends oder am Wochenende vorantreiben kannst, damit es deinen Job nicht beeinflusst. Besonders hilfreich ist es also, wenn deine Idee online und zudem hoch skalierbar ist. Wieso das? Na, weil du zuerst aktiv Arbeit hineinstecken musst und aktives Einkommen generierst, aber nach und nach die nachfolgenden Ideen automatisieren kannst und das Einkommen somit in ein (nahezu) nur passives Einkommen umwandeln kannst. Anbei ein paar Ideen, um dich auf weitere kreative Gedanken zu bringen:

Blog und Affiliate Marketing
Wenn du dich in einem Gebiet gut auskennst, kannst du einen Blog starten, Artikel schreiben und deine Meinung und dein Wissen weitergeben. Wenn sich genug interessierte Leute finden und du eine wachsende Leserschaft aufbauen kannst, kannst du Werbung (Affiliate Marketing) auf deinem Blog schalten und Einkommen generieren. Abhängig von deiner Reichweite und deinem Traffic auf deinem Blog kann hier eine ordentliche Summe zusammenkommen.

YouTube

Erstelle Tutorials oder führe Produkttests durch, um Abonnenten für deinen Channel zu begeistern. Je nach Abonnentenanzahl kannst du Werbung vor deine Videos schalten oder dazwischen und somit Geld erhalten. Je mehr Klicks pro Video, desto höher deine Bezahlung. Übrigens lässt sich diese Idee auch großartig mit Affiliate Marketing verbinden.

Fotos verkaufen

Wenn Fotografieren dein Hobby ist, dann kannst du deine besten Stücke auf diversen Plattformen wie Shutterstock oder Pinterest hochladen, und andere können das Recht erwerben, dein Foto nutzen zu dürfen. Du erhältst hier einen Anteil am Erlös direkt von der Plattform. Das Schöne: Du musst nur einmal dein Foto schießen und hochladen – von da an kannst du dich zurücklehnen und warten. Jedes Mal, wenn jemand dein Foto kauft, erhältst du Geld dafür. Wenn das mal nicht passives Einkommen ist!

Dropshipping

Dies ist eine Art des Online-Handels, bei dem du als Online-Händler Produkte in deinem Online-Shop anbietest, ohne sie selbst auf Lager zu haben. Sobald ein Kunde ein Produkt in deinem Online-Shop bestellt, versendest du als Shop-Betreiber das Produkt nicht selbst, sondern bestellst das Produkt (automatisiert) direkt beim Hersteller oder Großhändler, der es dann direkt zum Kunden schickt. Du als Verkäufer verwaltest den Shop und versuchst so viele potenzielle Kunden wie möglich zu gewinnen. Deine Hauptaufgabe ist also nicht die Logistikkette, sondern Marketing und Produktmanagement. Dein Gewinn ist die Differenz zwischen dem Preis, den du bei dem Großhändler für das Produkt bezahlst, und dem Preis, den du deinem Kunden in Rechnung stellst. Der Dropshipping-Anbieter, der die Bestellung entgegennimmt, verpackt diese und schickt sie auf direktem Wege an den Endkunden. Auf der Verpackung befindet sich meistens kein Hinweis auf den Großhändler selbst, sondern, wenn überhaupt, nur dein Branding als Verkäufer. Der Großhändler erledigt alle Formalitäten im Zusammenhang mit den Versandformalitäten und Zoll- und Vertriebskosten.

Zusammengefasst: Sobald dein Kunde das Produkt in deinem Online-Shop bestellt und bezahlt hat, kaufst du als Dropshipper das Produkt bei dem Großhändler. Als Empfänger gibst du deinen Kunden an. Der große Vorteil ist, dass das Produkt nicht erst durch die Hände des Shop-Betreibers (du) gehen muss und die Ware nicht in großen Mengen gekauft und gelagert werden muss. Wegen der niedrigen Startkosten ist Dropshipping also eine gute Option, um das E-Commerce-Business zu testen.

Netzwerk-/Multi-Level-Marketing
„Menschen kaufen am liebsten das, was ihnen Freunde persönlich empfehlen." Mit diesem Satz erklärte Rick Goings, CEO von Tupperware, 2016 perfekt die Marketingstrategie von Tupperware, aber auch von vergleichbaren Ansätzen, wie z. B. von Vorwerk (Thermomix).

Die Grundidee von Netzwerkmarketing ist folgende: Statt riesige Summen an Geld für klassische Marketingkanäle, Marketingagenturen, Grafikdesigner etc. auszugeben, bezahlt bzw. beteiligt man lieber diejenigen, die schon jetzt das Produkt lieben und nutzen. Netzwerkmarketinggesellschaften zahlen einen Teil jedes eingenommenen Euro wieder an ihre Berater im Außendienst aus, die meist selbst die begeistertsten und treuesten Verbraucher und Nutzer dieser Produkte/Dienstleistungen sind. Mundpropaganda ist heutzutage eines der wirksamsten Werbemittel und hierauf basiert das Netzwerkmarketing. Was einem ein Freund oder Bekannter empfiehlt, wird automatisch als vertrauenswürdiger und besser wahrgenommen, denn warum sollte mir mein Freund auch etwas Schlechtes empfehlen, nachdem er das Produkt ja selbst nutzt? Es geht im Netzwerkmarketing nicht darum, ein Produkt zu verkaufen, sondern darum, ein Netzwerk aufzubauen. Knüpfe Kontakte zu Menschen, die dasselbe Produkt/dieselbe Dienstleistung repräsentieren und dies anderen Menschen mitteilen. Das Ziel ist es nicht, eine große Menge von Produkten zu verkaufen, sondern eine große Menge an Menschen zu finden, die selbst ihre besten Kunden sind; ein wenig zu verkaufen, eine kleinere Anzahl an Kunden zu bedienen und viele weitere Menschen anzuwerben und ihnen zu zeigen, wie sie dasselbe machen können. Als Vertreter erhält man nicht nur Provisionen auf die selbst verkauften Produkte, sondern auch auf die Produkte, die von den angeworbenen Bekannten verkauft werden. Man partizipiert also bei jedem Verkauf, der von einem angeworbenen oder von deren angeworbenem Vertreter getätigt wird. Natürlich generieren sich die „Mitarbeiter" auch passive Einkommensströme, wenn sie weitere Leute werben, mitzumachen. Du siehst also, es ist eine Win-win-Situation. Wenn du 10 Freunde anwirbst, die jeweils 10 weitere anwerben und diese wiederum 10 weitere, dann partizipierst du bei jedem verkauften Produkt dieser 1000 (!) Vertreter. Das Geschäftsmodell ist also maximal skalierbar. Man muss jedoch dazu sagen, dass dieses Geschäftsmodell nicht für jeden etwas ist. Man muss sehr vertriebsorientiert sein und darf keine Angst haben, auf Menschen aktiv zuzugehen. Falls dies das richtige für dich ist, dann suche im Internet nach Netzwerkmarketinggesellschaften und vergleiche sie untereinander. Wichtig ist, dass du nicht nach dem perfekten Produkt Ausschau hältst. Du gründest dein eigenes kleines Unternehmen, und dieses beschäftigt sich nicht mit dem aktiven Verkauf dieses Produkts, sondern mit dem Aufbau eines Netzwerks. Die Kernfrage bei der Auswahl ist also: Welche Netzwerkmarketinggesellschaft wird mir am besten helfen, zu lernen, ein großes Netzwerk zu schaffen? Viele Netzwerkmarketinggesellschaften bieten ein umfassendes Trainingsprogramm sowie regelmäßige Fortbildungsmaßnahmen an, wie z. B. Verkaufstraining, Seminare, die dir die Zielsetzung beibringen, Finanz-/Buchhaltung-Fortbildungen und viele mehr. Vieles wird mittlerweile online angeboten. Wähle eine aus, nimm Kontakt zu Interessierten auf, ermutige sie, deine Produkte auszuprobieren, die du selbst großartig findest, damit sie sich später die Infos ansehen, die du ihnen bereitstellst. Später fragst du nach, was sie davon halten. Falls sie bei dir ins Geschäft mit einsteigen wollen, erklärst du ihnen das System, motivierst sie, lernst sie ein und bringst ihnen bei, wie man am besten weitere Begeisterte einlädt, mitzumachen. Wichtig ist hier absolute Transparenz. Versuche nicht, deine Freunde mit Tricks oder Intransparenz in ein Netzwerk zu locken, welches sie gar nicht gut finden. Erkläre ihnen die Vor- und Nachteile und sei auch transparent bezüglich deines Verdienstes, schließlich willst du niemanden hintergehen, sondern gemeinsam etwas Großartiges aufbauen. Die „Einlernphase", in der du deinen neuen „Mitarbeitern" alles Notwendige beibringst, lässt sich in vielen Netzwerkmarketingsystemen mittlerweile per Online-Schulung und Online-Portal abbilden. Dies minimiert deinen Zeitaufwand und lässt dich das Businessmodell noch besser skalieren. Dein Job als Netzwerkmarketer ist es, Kontakte zu knüpfen und Interessierte dazu einzuladen, mitzumachen. Du musst dafür kein Verkäufer sein, nur ein guter Netzwerker.

Prinzipiell spricht nichts dagegen, sich als begeisterter Kunde von einem Verkäufer als selbstständiger Vertriebspartner anwerben zu lassen. Jedoch muss man hier vorsichtig sein, denn es gibt bei den Unternehmen auch einige schwarze Schafe. Einige drängen zum Kauf großer Stückzahlen direkt vom Unternehmen. Auch solltest du Unternehmen meiden, die dich „zwingen" wollen, alle deine Freunde, Bekannten und deine Familie in das System zu drängen, auch wenn diese gar kein Interesse an dem Produkt oder Service haben. Wie schon erwähnt, geht es darum, ein Netzwerk aus begeisterten Nutzern und „Weiterempfehlern" aufzubauen und nicht deine Freunde und Familie zu vergraulen, indem du immer weiter pushst, denn damit zerstörst du dein soziales Netzwerk und somit auch Freundschaften. Wer mitmachen will, ist herzlich eingeladen, und das ganz ohne Druck. Um illegalen Pyramidensystemen im Networkmarketing zu entgehen, solltest du dich am besten an die Mitglieder des **Bundesverbands Direktvertrieb Deutschland** halten. Diese folgen freiwillig einem Verhaltenskodex, um ihre Mitarbeiter zu schützen.

Fulfillment by Amazon (FBA)
FBA bedeutet übersetzt „Abwicklung durch Amazon". Dies ist ein interessantes E-Commerce-Modell, in dem Amazon Lagerung, Versand, Retouren und die Kundenbetreuung für deine Produkte übernimmt. Du als Händler hast also keinen physischen Kontakt zu deinen Produkten. Somit kannst du dich auf Produktentwicklung und -beschaffung sowie Marketing fokussieren.

Kurz zusammengefasst funktioniert der Prozess so:

1. Produktrecherche
Zuerst benötigst du eine Idee für ein Produkt, welches du schlussendlich auf Amazon verkaufen möchtest. Im besten Falle besetzt das Produkt eine Nische, in der es bereits eine gute Nachfrage gibt, aber nur wenige

Konkurrenzprodukte auf Amazon, die im besten Falle auch noch (nur) durchschnittliche Bewertungen haben. Versuche nicht, das Rad neu zu erfinden. Sieh dir einfach Produkte an, die bereits gut laufen, und überlege, ob du dieses etwas verbessern oder verändern kannst, damit es eine andere Zielgruppe anspricht. Das Potenzial deiner Produktidee kannst du gut mit den Tools „Helium10" oder „Junglescout" analysieren.

2. Produktanpassung und Sourcing
Wenn du eine Idee hast, welches Produkt oder in welche Produktrichtung du suchen möchtest, dann gehe auf Alibaba oder Chinabrands, suche nach White- oder Private-Label-Produkten und trete mit den Herstellern/Lieferanten in Kontakt. Frage nach Preisen, Lieferkonditionen sowie nach der Anpassungsfähigkeit des Produktes. Viele helfen dir bereits beim Design deiner Marke und dementsprechend auch bei der Anpassung deines Produktes. Ziel sollte es sein, dein Produkt soweit anzupassen, dass es eine attraktive und noch nicht zu stark bearbeitete Nische auf Amazon besetzt. Lass dir zu Beginn auf jeden Fall Samples zusenden, bevor du größere Stückzahlen bestellst, und mache eine Qualitätskontrolle (selbst oder extern).

3. Lieferung der Produkte an Amazon
Im nächsten Schritt bestellst du bei deinem Lieferanten eine erste Sendung deines Produktes und lässt diese direkt an das Amazon-Lager senden. Amazon lagert deine Produkte gegen eine kleine Gebühr.

4. Listing
Neben guten Fotos sind auch suchmaschinenoptimierte Texte beim Erstellen des Amazon-Listings wichtig. Hier gibt es einige Tipps und Tricks, um die Sichtbarkeit sowie Konvertierungsrate zu steigern. Unter anderem muss hier schlussendlich auch etwas Geld für Marketing in die Hand genommen werden, damit dein Produkt auf die erste Seite und dort ganz nach oben gelangt.

5. Verpackung, Versand, Retouren, Kundenservice
Amazon übernimmt die weiteren logistischen Schritte. Sobald ein Kunde auf Amazon dein Produkt kauft, entnimmt Amazon die Ware aus dem

Lager, verpackt und versendet diese an den Kunden. Im Falle von Fragen oder Retouren kümmert sich Amazon auch hier um einen kundenfreundlichen Service.

Durch die Amazon-Verkaufsplattform erhältst du Zugriff zu der größten Suchmaschine für Konsumenten, mit mehr produktbezogenen Suchanfragen als Google. Wenn du das beste Produkt in deiner Nische bietest, musst du dir um Traffic (Besucher) und Verkäufe weniger Gedanken machen als bei einem eigenen Online-Shop, bei dem du erst einmal Interessenten auf deine Webseite holen musst. Natürlich gilt es auch auf Amazon die Sichtbarkeit deiner Produkte zu steigern, indem du Amazon dafür bezahlst. Es gibt bereits einige Blogs, Foren und YouTube-Videos, die viele Tipps und Praxiserfahrungen im Detail behandeln, und ich empfehle dir, dich umfassend mit dem Thema zu befassen, bevor du die erste Bestellung in Auftrag gibst. Schlussendlich willst du nicht bei Amazon 10.000 Schlüsselanhänger liegen haben, die niemand kauft. Dies produziert nur Kosten (z. B. für die Lagerhaltung bei Amazon) und bindet dein Kapital.

Wie du siehst, sind die Möglichkeiten nahezu endlos, wie man sich noch etwas Geld dazuverdienen kann, wenn man nur etwas aktive Arbeit hineinsteckt.

Hier noch ein paar weitere Ideen
- Erstellen einer Online-Plattform für das Matching von Angebot und Nachfrage (wie z. B. Autoscout24)
- Entwickeln einer App
- Schreiben eines E-Books
- Betreiben von Waschmaschinen (mit Münzeinwurf), z. B. in Wohnanlagen

Du hast ein interessantes Businessmodell gefunden? Doch wie geht es nun weiter? Der schwierigste Schritt ist immer der erste.

4.2.2 Gründer werden

Ein Unternehmen zu gründen, muss nicht kompliziert sein und sollte es auch nicht. Nachfolgend will ich dir 2 wertvolle Tools an die Hand geben, die du unabhängig von deinem Businessmodell anwenden kannst:

Canvas und Lean Start-up
Diese beiden Tools helfen dir bei jedem Businessmodell, schnell, einfach und effektiv zu starten.

I. Canvas
Früher hat man die eigene Geschäftsidee in seitenweisen Fließtext gepackt und genau beschrieben. Dies ist jedoch in der heutigen Zeit, in der dynamischen Umwelt, nicht mehr zeitgemäß. Man wird erfolgreicher, wenn man sein Unternehmen nicht auf dem Reißbrett plant, sondern sich zuerst Gedanken über die Schlüsselbereiche und -faktoren macht, die für die Geschäftsidee essenziell sind, anschließend möglichst schnell an den Kunden mit einem minimal lebensfähigen Produkt herantritt und dieses dann anhand des Kundenfeedbacks weiterentwickelt. Zur besseren Strukturierung der Schlüsselbereiche gibt es das Canvas-Tool, welches diese einfach und übersichtlich darstellt.

Auf der Website www.existenzgruender.de kannst du dir kostenlos ein Template mit guten Tipps und Beispielen zu der Canvas-Struktur herunterladen.
Eine mögliche Struktur habe ich dir mit Abb. 4.2 auch hier im Buch einmal dargestellt. Diese soll dir helfen, schnell und fokussiert dein Businessmodell, das du bereits in deinem Kopf hast, strukturiert auf Papier zu bringen und alle essenziellen Aspekte zu beleuchten. Das Businessmodell Canvas besteht aus 9 Feldern, die prinzipiell in beliebiger Reihenfolge ausgefüllt werden können.

1. Zielgruppe
Für wen schaffst du einen (Mehr-)Wert? Wer sind deine wichtigsten Kunden? Versuche, deine Zielgruppe so genau wie möglich einzugrenzen,

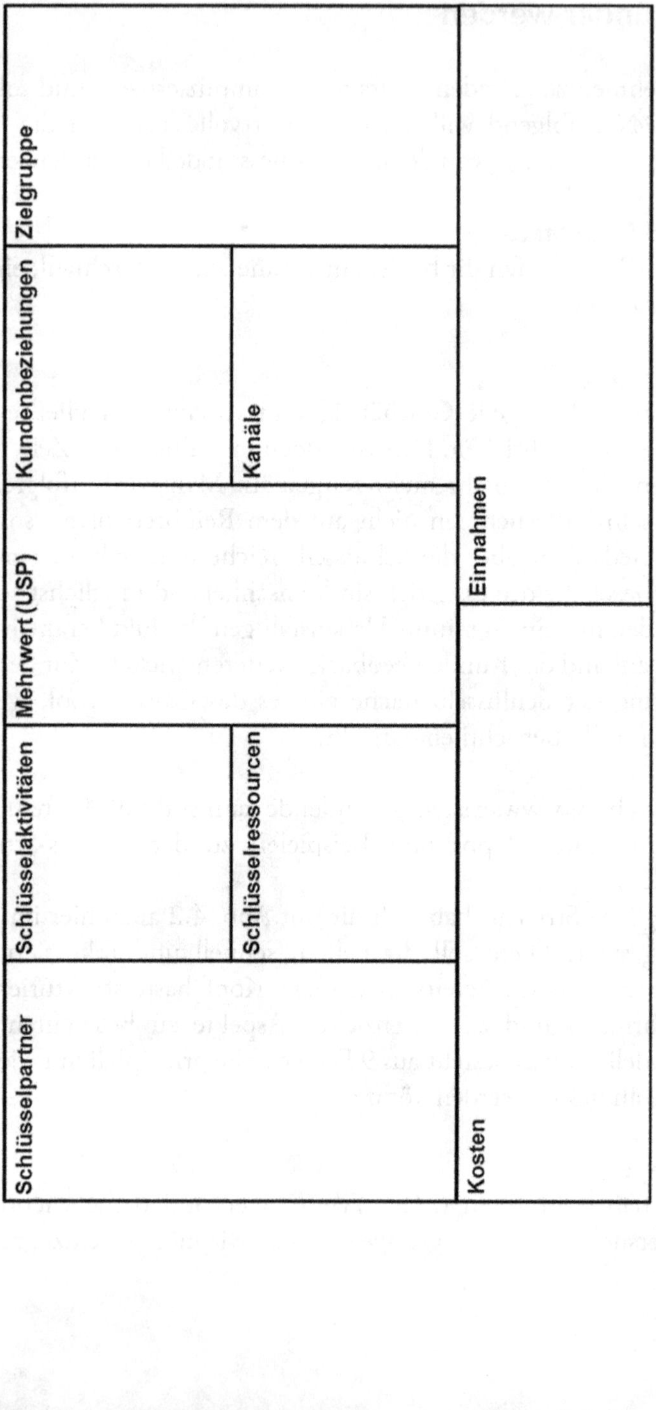

Abb. 4.2 Canvas-Business-Struktur. (Eigene Darstellung in Anlehnung an existenzgruender.de)

nach Alter, Geschlecht, Geografie, gesellschaftlicher „Schicht", Einkommensverhältnissen, Hobbys, Einkaufsverhalten etc.

2. Mehrwert (USP)

Wenn du nun definiert hast, wer deine Kunden sind, stellt sich die Frage, welche Kundenbedürfnisse du tatsächlich erfüllen möchtest und welche Produkte bzw. Dienstleistungen du deinen Kunden bietest. Der Mehrwert, den du anbietest, ist der Grund, warum sich Kunden für oder gegen dein Produkt- oder Dienstleistungsangebot entscheiden. Er löst ein Problem oder befriedigt ein Bedürfnis und entspricht exakt den Anforderungen einer bestimmten Kundengruppe. Der Mehrwert kann neu sein, wenn er ein innovatives Angebot darstellt oder ein Problem löst. Auch ich stand und stehe heute noch oft vor dem Punkt: Ja, ich will gründen! Aber ich weiß nicht, was meine Value Proposition ist … In diesem Fall mein Tipp: Nimm etwas bereits Bestehendes und verändere es, sodass es (d)einer spezifischen Zielgruppe einen Mehrwert im Vergleich zum bestehenden Produkt oder zur Dienstleistung bietet. Wichtig ist mir an dieser Stelle eines zu betonen: Du musst das Rad nicht neu erfinden. Mach es einfach ein bisschen „dicker", dann ist es perfekt für Mountainbiker, oder etwas dünner, dann macht es die Rennradfahrer schneller. Denk an die Probleme, die dich regelmäßig stören: Jemanden hat es anscheinend gestört, dass er immer seine Hemden bügeln musste (vermutlich ein Banker oder Anwalt), und dann hat er eine Maschine erfunden, auf die man sein Hemd hängen kann, die dieses per Heißluftgebläse trocknet und gleichzeitig bügelt. *Das* ist mal eine innovative Problemlösung, die nun auch in meiner Wohnung steht! Oder ein eher digitales einfaches Beispiel: Dich stört, dass es noch keine Website gibt, auf der du relevante Informationen über das Peer-to-Peer-Lending (siehe Abschn. 5.4.1) findest? Erstelle einen Blog, schalte Werbung oder mache einen Premium-Login für zahlende Kunden.

3. Kundenbeziehungen

Beschreibe, welche Art der Kundenbeziehung du zu deiner Kundengruppe unterhalten willst. Es kann von persönlich bis unpersönlich automatisiert sein. Der erste Schritt ist die Kundengewinnung. Dann folgt die Kundenbindung und zusammenhängend hiermit das Zusatzgeschäft.

Beim Aufbau eines neuen Geschäftsmodells wirst du zu Anfang eine offensive Kundengewinnungsstrategie (1.) fahren. Wenn du genug Kunden gewonnen hast, solltest du dich auch um die Kundenpflege kümmern (2.) um somit den durchschnittlichen Kundenumsatz erhöhen (3.). Beispiele für Customer Relationships können sein: persönlicher Vor-Ort-Service, Telefonsupport, automatisierter Versand von Standardmails, Foren etc. Auch hier bietet sich eine automatisierte Lösung an: Outsourcing des Supports und des Beschwerdemanagements an ein Callcenter, eine umfangreiche FAQ-Sektion, automatisierter individualisierter Newsletter etc.

4. Kanäle
Kommunikation, Marketing und Sales sind die Schnittstelle zum Kunden. Diese Kanäle haben einen erheblichen Einfluss darauf, wie ein (möglicher) Kunde dein Unternehmen wahrnimmt, wie du deine Waren und Dienstleistungen vermarktest und verkaufst und wie du Geschäfte machst. Die Frage ist: Wie möchte deine Zielgruppe erreicht werden? Hier bietet sich v. a. für den Start die kostengünstige und zielgruppenbasierte Online-Werbung an. Plattformen hierfür wären: Google SEO & SEA, Facebook und Instagram Werbung etc.

5. Einnahmequellen
Jetzt kommt das liebe Geld ins Spiel. Für welchen Nutzen ist deine Zielgruppe bereit, ihr Geld auszugeben? Ein Geschäftsmodell kann durch einmalige oder wiederkehrende Transaktionen Einnahmen generieren. Beispiele sind:

- Produktverkauf
- Abonnement
- Nutzungsgebühr
- Mitgliedsgebühr
- Vermietung
- Lizensierung
- Vermittlungsgebühr
- Werbung

6. Schlüsselressourcen

Verschiedene Geschäftsmodelle benötigen verschiedene Ressourcen. Ein herstellendes Unternehmen benötigt eine kapitalintensive Produktion. Im Vergleich dazu braucht ein Webseitenblog nur deine Kreativität, Arbeitszeit und eine Webseite. Um beurteilen zu können, ob eine Ressource wirklich wichtig für dein Businessmodell ist, frage dich einfach, was passieren würde, wenn du diese nicht hättest. Sind es die Menschen die hinter dem Produkt stehen? Oder benötigst du einen Investor um das Geschäft voranzutreiben? Vielleicht sind es auch Patente oder Urheberrechte? Auch der Standort könnte hier eine wichtige Ressource sein. Beispiele sind:

- Materiell: Maschinen, Gebäude, Fahrzeuge, Systeme, Netzwerke
- Geistig: Marken, Wissen, Patente, Urheberrechte, Kooperationen, Kundendatenbanken
- Humanressourcen: Programmierer, Designer, Verkäufer
- Finanziell: Bargeld, Kredite, Darlehen

7. Schlüsselaktivitäten

Jedes Geschäftsmodell ruft einige wichtige Tätigkeiten hervor. Sie sind erforderlich, damit dein Unternehmen Angebote erzeugen und anbieten, deine Kunden erreichen, Kundenbeziehungen pflegen und Einnahmen generieren kann. Jedes Geschäftsmodell erfordert andere Tätigkeiten. Für einen Softwarehersteller ist Software entwickeln eine wichtige Aktivität. Für eine Unternehmensberatung ist es notwendig, Problemlösungen zu finden und umzusetzen. Um herauszufinden, ob eine potentielle Schlüsselaktivität wirklich wichtig ist, solltest du dir die Frage stellen, was passiert, wenn diese Aktivität nicht umgesetzt wird. Was musst du unternehmen, damit dein Business erfolgreich wird?

8. Schlüsselpartner

Nachdem du nicht alleine am Markt bist, beleuchtet dieses Feld deine Schlüsselpartnern, ohne die du nicht erfolgreich sein kannst. Wer sind deine wichtigsten Partner und Lieferanten? Welche wichtige Aktivität, Verbindung oder Ressource wird von einem deiner Partner bereitgestellt und ist essenziell für dein Business? Welche wichtigen Aktivitäten werden von diesen Partnern übernommen? Wenn du das Marketing an eine Agentur übertragen hast, dann ist diese ein Schlüsselpartner.

9. Kostenstruktur

Welche Kosten fallen an? Was sind Kostentreiber und wie kannst du darauf Einfluss nehmen? Was sind deine Anfangs-, fixen und variablen Kosten?

II. Lean Start-up

Gut, das Businessmodell ist nun zu Papier gebracht, und wir haben die wichtigsten Punkte durchdacht. Nun geht es an die Umsetzung. Ich kann jedem das Buch und die dahintersteckende Idee des Lean Start-up empfehlen. Es geht darum, ähnlich dem Canvas-Businessplan, schnell zu starten, Entrepreneurship zu vereinfachen und die Unternehmensgründung zu beschleunigen. Das Wichtigste ist, dass man nicht erst versucht, ein „perfektes" Produkt zu entwickeln, bevor man an den Markt geht und anfängt zu verkaufen. Entwickle dein Produkt/deine Dienstleistung gerade soweit fertig, bis du eine minimal lebensfähige Version hast, die zwar noch nicht ausgereift ist, sich jedoch bereits verkaufen oder präsentieren lässt. Der Kerngedanke ist, dass du *während* des Entwicklungsprozesses schon erstes Kundenfeedback erhältst und dein Produkt noch während der Entwicklung besser auf Kundenwünsche anpassen sowie erste Umsätze generieren kannst. Nichts ist schlimmer, als ewig ein Produkt zu entwickeln, nur um am Ende festzustellen, dass niemand es kaufen möchte. Geh nach draußen und frag deine zukünftigen Kunden, wofür sie ihr Geld ausgeben würden.

Just do it

Schnapp dir am besten einen guten Freund, der auch unternehmerischen Drive hat und mit dem du dir vorstellen könntest, zusammenzuarbeiten. Startet mit dem Canvas-Businessplan auf einer Seite und erstellt dann eine ausführliche To-do-Liste zu jedem der Canvas-Bereiche mit den Aufgaben, die euch auf dem Weg zum Erfolg begegnen werden. Sortiert pro Bereich die Liste nach Priorität (was muss als Erstes erledigt werden?) und dann teilt euch die Aufgaben auf. Wichtig ist, dass ihr euch zeitliche Fristen und Milestones für die Aufgaben setzt, damit ihr schnell vorwärtskommt. Selbst wenn euer Start-up scheitert, werdet ihr danach reicher sein als vorher, wenn ihr aus euren Fehlern lernt. Ein Unternehmen zu gründen, ist eine unglaubliche Erfahrung, die man sich nicht anlesen kann. Man bereut am Ende seines Lebens nur die Dinge, die man nicht gemacht hat, und nicht die, die man gemacht hat. Mein Rat hält sich deshalb an den Nike-Slogan: „Just do it!"

> „Mut ist, wenn das „Fuck it" größer als die Angst ist."
> – Unbekannt –

5

Der Investmentguide für smarte Investoren

Lass uns zur Königsdisziplin kommen: Wie kannst du mit smarten Investments mehr aus deinem Geld machen und stetige passive CIFs etablieren?

Du hast nun etwas Geld verdient, angespart und stellst dir die Frage: In was und wie soll ich investieren? Die Aktienkurse reißen ein Hoch nach dem anderen, Kryptowährungen sind das reinste Casino, die Immobilienpreise steigen seit Jahren und alles sieht doch nach einem Crash oder einer Blase aus.

Wo lässt sich jetzt denn noch einigermaßen sicher eine gute Rendite erwirtschaften, wo doch auch noch die Zinsen auf Sparguthaben auf dem

---

Die in diesem Buch vorgestellten Ratschläge sind nicht als juristische, steuerliche oder Anlage-/ Vermögensberatung zu verstehen. Dieses Buch ist ein informatives Nachschlagewerk, welches Lesern helfen soll, Finanzprodukte, Immobilien und sonstige Optionen als mögliche Kapitalanlage besser zu verstehen. Weder der Autor noch der Verlag sind für die individuellen Geldanlageentscheidungen des Lesers verantwortlich und daher in keinster Weise haftbar. Lesern wird empfohlen, vor dem Kauf jedweder Geldanlagen individuellen, fachlichen, juristischen und/oder steuerlichen Rat einzuholen. Autor und Verlag gehen nach bestem Wissen und Gewissen davon aus, dass die Angaben und Informationen in diesem Werk zum Zeitpunkt der Veröffentlichung korrekt sind. Autor und Verlag übernehmen ausdrücklich keine Gewähr für den Inhalt oder die Äußerungen in diesem Buch, für deren Vollständigkeit oder für etwaige Fehler.

© Der/die Autor(en), exklusiv lizenziert an Springer Fachmedien Wiesbaden GmbH, ein Teil von Springer Nature 2023
D. Reger, *Smart investieren – dein Weg zur finanziellen Freiheit*,
https://doi.org/10.1007/978-3-658-40173-3_5

Nullpunkt oder bei manchen Banken mittlerweile ins Minus gerutscht sind (Stichwort „Strafzinsen" auf dein Girokonto!)? Die gute Nachricht: Es gibt *immer* ein gutes Investment. Man muss es nur finden, und je höher deine finanzielle Bildung, desto mehr wirst du finden und desto besser wirst du diese Investments analysieren können. Nachfolgend möchte ich dir ausgewählte Investmentmöglichkeiten vorstellen, die zu Vermögenswerten werden können, die einen passiven CIF generieren und dich mit jedem investierten Euro deiner finanziellen Freiheit ein Stückchen näherbringen.

Doch Moment mal, was passiert, wenn es zu dem lange prognostizierten Crash kommt?

> „Crashs machen die Reichen noch reicher und die Armen und die Mittelschicht noch ärmer."
> – Robert T. Kyosaki –

Warum? Ist beim Supermarkt Sommerschlussverkauf, Black Friday oder ein sonstiger Sale, rennen die Armen und die Mittelschicht hin und gehen auf Schnäppchenjagd. Ist Sale in den Finanzmärkten, also gibt es alle Titel zu einem großen Discount (z. B. nach einem Crash), gehen die Reichen auf Schnäppchenjagd, während die Armen und die Mittelschicht mit Verlusten verkaufen und sich vom Markt zurückziehen. Ein guter Investor wird *immer* reicher, auch bei einem Crash.

Es gibt unzählige Investmentmöglichkeiten und -arten, jedoch sind für den Start nicht alle geeignet. Im Nachfolgenden wollen wir uns auf die konzentrieren, die für den Start relevant und einfach umsetzbar sind sowie eine vergleichbar hohe Rendite versprechen. Teaser vorab: Das Sparkonto fliegt zuerst aus unserer Liste heraus.

Wir wollen uns auf die folgenden etablierten Investmentklassen konzentrieren, da diese alle eine gute Rendite versprechen und sich mit Wissen und Erfahrung das Risiko reduzieren lässt. In Tab. 5.1 sind die Investmentklassen mit ihren historischen Renditen abgebildet. Je nachdem, welchen Zeitraum man betrachtet, verändern sich natürlich die Renditen, aber die Übersicht gibt einen guten ersten Eindruck.

Tab. 5.1 Investmentklassen mit ihren historischen Renditen

Investmentklasse	Historische Rendite p. a.	Zeitraum
Aktien	10,0 %	1970–2019
Unternehmensanleihen	5,4 %	1970–2019
ETFs	8,3 %	1971–2019
REITs	11,73 %	1972–2019
Immobilien	8,1 %	1992–2014
P2P Lending	ø 10,0 %	2015–2020

Quellen:
Aktien und Unternehmensanleihen: Fredy Gilgen (2018), https://www.handelszeitung.ch/geld/anlagen-im-langzeitvergleich-was-aktionare-wissen-sollten, Handelszeitung
ETFs: Christian Röhl (2022), https://www.dividendenadel.de/msci-world-renditedreieck/, Dividendenadel
REITS: Jürgen Büttner (2019), https://www.boerse-online.de/nachrichten/aktien/reits-attraktive-renditen-in-der-niedrigzinsphase-1028082103, Börse Online
Immobilien: Franz Stocker (2015), https://www.welt.de/finanzen/geldanlage/article143821870/Mietwohnungen-erzielen-hoehere-Renditen-als-Aktien.html, Welt
P2P: Durchschnitt von offiziellen Angaben verschiedener Plattformen (u. a Mintos und TWINO), eigene Recherche

5.1 Aktien

5.1.1 Wachstumsaktien für mehr Vermögenswerte

Lass uns mit der vielleicht bekanntesten Investmentklasse starten. Aktien kennen wir alle, und wenn man frühzeitig in die richtigen wie z. B. Monster Beverage (siehe Abb. 5.1) investiert hat, dann konnte man sehr viel Geld verdienen.

Aktien wie Monster Beverage, Amazon, Electronic Arts, Comcast, Pepsi und Gilette nennt man „100 Bagger", weil sich diese (teilweise mehrfach) verhundertfacht haben.

Wenn du beispielsweise Ende 2001 für 10.000 € Amazon-Aktien (ca. 0,6 € pro Stück) gekauft hättest, dann wären diese schon 2018 (pro Stück >60 €), über 1 Mio. € wert gewesen. Bis 2022 dann sogar fast 160 €. Siehe hierfür Abb. 5.2.

Abb. 5.1 Aktienkurs Monster Beverage. (Datenquelle: spglobal.com. Eigene Darstellung)

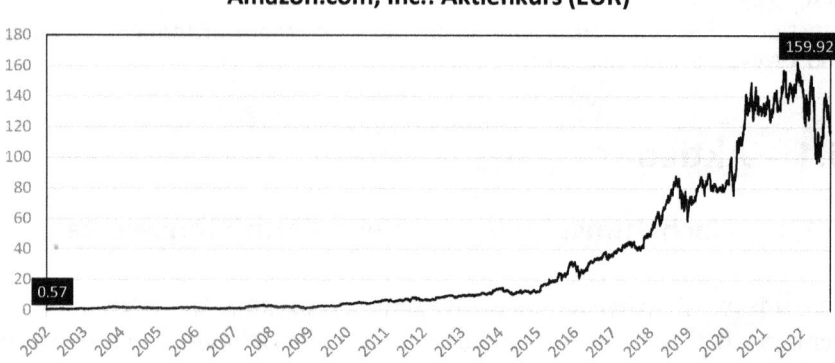

Abb. 5.2 Aktienkurs Amazon.com. (Datenquelle: spglobal.com. Eigene Darstellung)

Wow! Mit solchen Investments würden wir recht schnell genug Geld zusammenhaben, um es in Vermögenswerte zu investieren, die uns einen konstanten passiven CIF generieren, um finanziell frei zu sein. Nun stellt sich doch die Frage: Wie findet man Aktien, die das Potenzial haben, sich zu verhundertfachen (x100)?

Natürlich gibt es nicht *die* eine perfekte Formel oder Vorgehensweise, bzw. falls jemand diese entdeckt hat, hat er sie klugerweise für sich behalten. Viele Wege führen nach Rom, aber wir wollen uns an harten Zahlen und ausgewerteten Statistiken orientieren. Dank verschiedener Untersuchungen und Analysen hat man im Lauf der Zeit verschiedene Eigenschaften identifiziert, die viele, aber natürlich nicht alle, von diesen Aktien gemeinsam hatten, bevor sie sich verhundertfacht und zu einem wahren Traum für jeden Anleger entwickelt haben. Nachfolgend will ich dir ausgehend von den Untersuchungen und Analysen eine einfache, konkrete Hands-on-Anleitung geben, mit der du die Wahrscheinlichkeit erhöhen kannst, gute Aktien zu finden, die das Potenzial haben, sich zu verhundertfachen. Natürlich ist diese Liste nicht abschließend und viel ist stark vereinfacht und wenn du mehr Infos über die Themen möchtest, gibt es einige Bücher und Artikel, die die einzelnen Punkte noch ausführlicher und wissenschaftlicher behandeln.

Schritt 1: Screening – Long List
Wir wählen eine geeignete Webseite, mit deren Hilfe wir Aktien suchen bzw. „screenen" können. Empfehlenswert sind beispielsweise Yahoo Finance oder Onvista, da diese kostenlos und v. a. anfängerfreundlich sind.

Wir konzentrieren uns beim ersten Screening auf Kriterien, die viele der 100 Bagger im Frühstadium gemeinsam hatten. Falls du ein Kriterium nicht findest oder noch von einer anderen Quelle verifizieren möchtest, dann ist Google der einfachste Weg.

Durchschnittliches Umsatzwachstum in den letzten 3 Jahren über 10 %
Wer nicht wächst, wird langfristig von der Konkurrenz oder der Inflation überholt. Falls sich die Werte der 3 Jahre signifikant unterscheiden, z. B. 5 %, -10 %, 300 %, dann solltest du den Zeitraum auf 5 Jahre er-

weitern, um mögliche „Eintagsfliegen" auszusortieren, die nur ein richtig gutes Jahr hatten, aber grundsätzlich nicht gut wachsen.

Durchschnittliches Earnings-per-Share-(EPS-)Wachstum in den letzten 3 Jahren über 3 %
Mit steigendem Umsatz muss auch der Gewinn pro Aktie steigen, denn sonst wird der Umsatz mit zu hohen Kosten „erkauft". Achte auch hier wieder auf Ausreißer in den einzelnen Jahreswerten.

Durchschnittlicher Return on Equity – ROE (Eigenkapitalrendite) der letzten 3 Jahre über 15 %
Die Eigenkapitalrendite ist die Rendite der Aktionäre, also unsere. Je höher diese ist, desto besser für uns.

Marktkapitalisierung zwischen 50 Mio. und 2 Mrd. €
Hier besticht die einfache Logik. Ein Unternehmen, das aktuell eine Marktkapitalisierung von 100 Mio. € hat und sich verhundertfacht, liegt danach bei 10 Mrd. €. Wenn ein Unternehmen wie Amazon, das bereits 1,3 Billionen Marktkapitalisierung hat (Stand November 2021), sich noch einmal verhundertfachen würde, dann wären wir bei 130 Billionen EUR. Als Vergleich: Das Bruttoinlandsprodukt der Vereinigten Staaten von Amerika lag 2020 bei ca. 21,5 Billionen USD. Amazon würde dann also ca. 6-mal größer als die USA sein, und dies ist nicht unbedingt realistisch. Suche dir also Unternehmen aus, die noch großes Wachstum und Platz vor sich haben.

Fremdkapital-Eigenkapital-Verhältnis unter 150 %
Kommt der große Crash dieses Jahr? Oder nächstes Jahr? Oder doch erst in 5 Jahren? Viele prophezeien den Crash schon seit Jahren, aber keiner weiß genau, ob und wann dieser kommt. Egal, wann er kommen sollte, du willst auf jeden Fall ein Unternehmen, das solide finanziert ist und einen solchen Crash gut überstehen kann, falls es so weit kommen sollte.

EBITDA-Marge über 10 %
Wir wollen profitable Unternehmen, die bereits guten operativen Gewinn einfahren, den sie dann reinvestieren, um noch schneller wachsen

zu können. Natürlich gibt es viele interessante Wachstumsunternehmen, die noch keinen Gewinn erzielen, weil sie viele Kosten durch Wachstum haben, wie z. B. Marketing oder Produktentwicklungskosten. Jedoch sind diese Unternehmen riskanter, weil sie mehr Geld ausgeben als einnehmen, und wir wissen noch nicht, ob und wie profitabel ihr Geschäftsmodell werden kann. Bei einer stabilen EBITDA-Marge von über 10 % suchen wir also Unternehmen, die bereits die riskante Start-up-Phase überstanden haben. Wenn du in Unternehmen in einer „früheren" Phase und somit riskanter, aber auch chancenreicher investieren möchtest, kannst du dieses Kriterium reduzieren oder weglassen.

Verhältnis Total Enterprise Value (TEV) zu Umsatz unter 10 und Verhältnis Total Enterprise Value (TEV) zu EBITDA unter 25
Wir sind bereit, sehr gute Unternehmen zu einem entsprechend guten (höheren) Preis zu kaufen, aber eben nicht zu jedem Preis. Kaufst du zu hoch ein, läufst du dem Ergebnis sehr lange hinterher und kannst nur hoffen, dass die Aktie sich in Zukunft besser entwickelt als prognostiziert. Um dir ein Gefühl für die Zahlen zu geben: Ein Unternehmen, das aktuell mit 20,0x EBITDA bewertet ist, muss 20-mal das aktuelle EBITDA erzielen, um die aktuelle Bewertung zu rechtfertigen. Wenn es das aktuelle EBITDA nun jedes Jahr unverändert erzielt, dauert dies 20 Jahre.

Cashflow from Operations über 0 €
Ein Unternehmen, das im operativen Geschäft mehr Geld verbrennt, als es erwirtschaftet, wird zwangsläufig Kapital von externen Investoren oder Kreditgebern aufnehmen müssen. Falls niemand Kapital geben möchte, wird das Unternehmen früher oder später insolvent. Egal welcher Fall eintritt, wir wollen nicht in dieses Unternehmen investiert sein. Wenn du noch einen Schritt tiefer gehen möchtest, dann kannst du ausgehend von dem operativen Cashflow auch noch den freien Cashflow ausrechnen. Hierzu ziehst du vom operativen Cashflow die Investitionen (Cashflow aus Investitionstätigkeit oder auch „CAPEX") ab. Dies gibt dir einen noch etwas genaueren Eindruck davon, wie viel Cash dem Unternehmen nach größeren Investitionen schlussendlich zur Verfügung steht.

Ausschluss von Branchen

Unternehmen in Branchen wie Bio-Tech, Bergbau- und Minengesellschaften (z. B. Goldminen) und Pharma etc. sind als Laie schwierig zu bewerten, da diese zu abhängig von einmaligen „Erfolgen" wie z. B. einem Goldfund oder der Zulassung eines Medikaments sind. Des Weiteren investieren wir nicht in Unternehmen, bei denen wir das Geschäftsmodell oder das Produkt nicht grundsätzlich verstehen. Besser zu verstehen, aber schwieriger zu bewerten sind außerdem Finanz- und Versicherungsunternehmen, da man hier manche Finanzkennzahlen anders interpretieren muss.

Schritt 2: Deep Dive – Short List

Alle Unternehmen, die in den letzten 3–5 Jahren nicht die ersten 3 Kriterien:

- Umsatzwachstum >10 %,
- Earnings per Share (EPS) >3 %,
- Return on Equity (ROE) >15 %

im Durchschnitt erfüllt haben, streichen wir von unserer Liste. Je länger und somit auch konstanter das Unternehmen diese Faktoren erfüllt hat, desto besser. Den Großteil dieser und weiterer Informationen findest du beispielsweise auf www.morningstar.com, www.marketscreener.com oder ganz klassisch durch Google.

Bestenfalls halten Insider (also Gründer oder das Management selbst) noch signifikante Anteile (mindestens 5 %) am Unternehmen.

Unsere Liste sollte inzwischen noch ca. 5–10 favorisierte Unternehmen beinhalten, deren Geschäftsmodell und Bewertung wir als Nächstes etwas genauer untersuchen wollen.

Schritt 3: Peer Group

Wir erstellen nun zu jedem Unternehmen eine sogenannte Peer Group, d. h. eine Gruppe von mindestens 5 vergleichbaren Unternehmen, die in etwa gleich groß sind, der gleichen Branche angehören und ebenfalls an der Börse gelistet sind. Hier gilt der Grundsatz: Je ähnlicher, desto besser! Potenzielle Kandidaten für unsere Peer Group finden wir beispielsweise bei www.onvista.com oder www.marketscreener.com.

Schritt 4: USP/Wettbewerbsvorteil
Jetzt gilt es, den Wettbewerbsvorteil, den sogenannten USP, unseres Unternehmens zu finden. Bestenfalls hat die Firma ein Alleinstellungsmerkmal, das nicht oder nur schwer zu kopieren ist. Verfügt unser Unternehmen über einen Wettbewerbsvorteil, dann wird sich das sicherlich auch in den Finanzzahlen der vergangenen Jahre widerspiegeln. Da wir die Analyse nicht unnötig verkomplizieren wollen, stellen wir uns simpel die folgende Frage: Kann unser Unternehmen irgendetwas besser als seine Wettbewerber? Falls wir darauf keine positive oder überhaupt keine Antwort haben, dann hat es nichts auf unserer Liste zu suchen!

Schritt 5: Bewertung
Im letzten Schritt wollen wir herausfinden, ob das Unternehmen aktuell über- oder unterbewertet ist. Für uns ist es erst einmal ausreichend, wenn Total Enterprise Value (TEV)/Umsatz sowie Total Enterprise Value (TEV)/EBITDA kleiner sind als der Durchschnitt und Median (Wert in der Mitte einer der Größe nach geordneten Datenreihe) der Peer Group. Allerdings sind gute Wachstumsunternehmen häufig hoch bewertet. Aus diesem Grund sollten wir hier nochmals die 3 Screeningkriterien aus Schritt 2 genauer ansehen. Das Unternehmen sollte schließlich mindestens genauso gut, wenn nicht sogar besser als die Peer Group sein. Zusätzlich können wir uns noch die Price Earnings Growth (PEG) Ratio ansehen. Sollte diese – trotz hoher Bewertung – kleiner als 1,0 sein, dann ist das dennoch als ein gutes Zeichen zu werten, da das starke Gewinnwachstum des Unternehmens eine höhere Bewertung rechtfertigt.

Schritt 6: Kauf und Beobachtung
Inzwischen sollten wir 3–5 gute Aktien gefunden haben, die das Potenzial haben, sich zu verhundertfachen. Diese können wir nun bequem über unser Depot z. B. bei Traderepublic, Onvista oder DKB kaufen und ihnen beim Wachsen zusehen. Zum Abschluss möchte ich dir noch etwas zur Haltedauer der neu eingekauften Aktien mitgeben: der Großteil der 100 Bagger erreichte diesen Status statistisch erst nach etwa 10–20 Jahren. Heutzutage kann das selbstverständlich schneller funktionieren, aber nichtsdestotrotz empfehle ich dir, Geduld zu haben.

„Eine Aktie, die man nicht 10 Jahre zu halten bereit ist, darf man auch nicht 10 Minuten besitzen."
– Warren Buffet –

5.1.2 Dividendenaktien für mehr passiven CIF

Nachdem uns unsere Wachstumsaktien in den meisten Fällen kein oder nur wenig passives Einkommen generieren, wollen wir uns auch noch die Aktien ansehen, die regelmäßig einen Teil ihrer Gewinne an die Aktionäre (uns) auszahlen. Während Wachstumsaktien helfen, unsere Vermögenswerte schnell aufzubauen, helfen Dividendenaktien beim Aufbau unseres passiven CIF. Die Suche und Analyse von Dividendentiteln ist ähnlich wie bei den Wachstumsaktien, weil auch diese Unternehmen operativ gut laufen und nicht zu hoch bewertet sein sollen. Jedoch setzen wir hier den Fokus nicht so stark auf das Wachstum, sondern mehr auf die Dividendenhistorie und den freien Cashflow, da dieser maßgeblich darüber bestimmt, wie viel Cash das Unternehmen generiert, welches es dann an die Aktionäre (uns) ausschütten kann. Nutze hier wieder die vorgenannten kostenlosen Portale, wie z. B. Yahoo Finance, Onvista oder Morningstar.

Lass uns also kurz ansehen, in welchen Schritten wir anders vorgehen.

Schritt 1: Screening
Auch hier suchen wir wieder nach fundamentalen Kennzahlen, um potenziell attraktive Aktien vorzuselektieren. Bei Dividendentiteln blicken wir grundsätzlich auf eine längere Historie (5–10 Jahre) zurück, da uns bei diesem Ansatz v. a. die Stabilität und nicht ein außergewöhnliches Wachstum interessiert.

Marktkapitalisierung ab 2 Mrd. €
Da wir nach schon etablierten, möglichst marktführenden Unternehmen Ausschau halten, suchen wir nach einer Marktkapitalisierung von 2 Mrd. € aufwärts. Hier kommt es uns v. a. auf die Position im Lebenszyklus an. Ist das Unternehmen bereits in der Reifephase und schöpft Gewinne ab? Wenn ja, dann ist dies ein guter Kandidat für unsere Liste.

Dividendenrendite 3–7 %
Berechnet wird diese Kennzahl, indem du die ausgeschüttete Dividende in Euro durch den Aktienkurs teilst. Allein durch die Formel siehst du schon, dass eine starke Veränderung des Aktienkurses diese Kennzahl sehr verzerren kann. Eine solide Dividendenrendite sollte im Durchschnitt zwischen 3 und 7 % liegen.

Dividendenkontinuität über 5 Jahre
Planbarkeit ist ein sehr wertvoller Investmentfaktor, den man nicht vernachlässigen sollte. Wenn das Unternehmen in der Lage, ist für mehrere Jahre oder Jahrzehnte konstant die Dividende auszuschütten, ist das ein sehr gutes Zeichen. Schau dir hier mindestens die letzten 5–10 Jahre an, am besten auch die Zeit direkt nach Crashs oder Krisen.

Dividendenwachstumsrate über 5 Jahre
Wenn ein Unternehmen stetig seinen Umsatz und Gewinn steigert, sollte auch die Dividende steigen. Empirische Studien konnten eine Verbindung von Dividendenwachstum zu Kurssteigerungen aufzeigen. Gute Unternehmen heben mit ihrem generellen Wachstum auch die Dividenden an.

Ausschüttungsquote 40–60 %
Diese Kennzahl ist ein zweischneidiges Schwert. Zum einen sind wir daran interessiert, eine möglichst hohe Dividende (Ausschüttung) zu erhalten, jedoch möchten wir auch, dass in dem Unternehmen genug Cash verbleibt, um weiter gesund wachsen zu können. Eine attraktive, aber gesunde Ausschüttungsquote (Dividende je Aktie geteilt durch den Gewinn der Aktie) liegt bei ca. 40–60 %.

Free Cashflow über 0 €
Diese Kennzahl ist sehr wichtig und geht noch einen Schritt weiter als der operative Cashflow. Während Letztgenannter nur die Cash-Generierung aus dem operativen Geschäft darstellt, zeigt der Free Cashflow die Summe der Cashflows aus den operativen, Investitions- und Finanzierungstätigkeiten. Sieh dir an, ob die Dividenden aus dem operativen Geschäft bezahlt werden konnten oder ob das Unternehmen Schulden hierfür

aufgenommen hat. Der operative und der Free Cashflow sollten beide positiv sein.

Fremdkapital-Eigenkapital-Verhältnis unter 200 %
Neben den Dividendenausschüttungen muss das Unternehmen auch die Verbindlichkeiten (Zinsen und Tilgung) bedienen. Dies bedeutet eine doppelte Belastung und wir wollen, dass sich unser Unternehmen auf die Dividendenzahlungen und -steigerungen fokussiert. Größere Unternehmen, die schon etabliert sind und eine gute Bonität aufweisen, haben mehr Finanzierungsspielraum als kleinere Wachstumswerte, weswegen ein Fremdkapital-Eigenkapital-Verhältnis von bis zu 200 % im Rahmen liegt.

Schritt 2: Deep Dive – Short List
Branchenwachstum
Viele der zuverlässigen Dividendenzahler kommen aus der Öl- und Tabakbranche, wie z. B. Shell, Exxon Mobile oder Altria Group. Diese Unternehmen sind unter den Top 5 der marktführenden Unternehmen in ihrem Bereich und schütten seit langem sehr konstant eine attraktive Dividende aus. Nur stellt sich die Frage, wo sich in Zukunft der Öl- und Tabakmarkt hinentwickeln wird. Da wir mit Dividendentiteln langfristig planen, empfehle ich dir, die Unternehmen auf der Liste genau anzusehen, d. h. in welcher Branche diese aktiv sind und welche Aktivitäten sie planen, um in Zukunft weiterhin Cash zu generieren. Natürlich wird die Ölindustrie in den nächsten Jahren nicht auf einmal verschwinden, aber es gibt doch deutliche Signale in Richtung erneuerbare Energien. Was unternimmt also eine Exxon Mobile oder Shell, um sich auf die Änderungen einzustellen? Wenn ein überzeugender Plan vorliegt, sind Unternehmen aus der „Old Economy" durchaus einen genaueren Blick wert.

Geschäftsmodell
Wichtig ist auch hier, dass du das Geschäftsmodell verstehst. Wenn du nach einer Stunde immer noch nicht verstanden hast, wie das Unternehmen Cash generiert, dann streiche es von der Liste. Das Geschäfts-

modell sollte möglichst einfach und Cash produzierend sein. Ein gutes Beispiel hierfür ist das Versicherungs- oder Tabakgeschäft. Des Weiteren ist das Management zwar immer ein wichtiger Faktor, aber im Vergleich zu den Wachstumsaktien mit weniger Gewichtung zu beachten, denn wie der legendäre Fondsmanager Peter Lynch schon sagte:

> „Investieren Sie in ein Geschäft, das jeder Idiot leiten kann – weil früher oder später ein Idiot es wahrscheinlich übernehmen wird."
> – Peter Lynch –

Schritt 3: Peer Group
Auch hier erstellen wir wieder eine Peer Group mit ca. 5 Unternehmen, mit denen wir unser Unternehmen messen wollen. Ist ein Unternehmen aus der Peer Group vielleicht besser als unseres? Wir wollen hier wieder unsere Kennzahlen mit den Wettbewerbern vergleichen, um zu sehen, wie sich unser Unternehmen im Vergleich entwickelt hat.

Schritt 4: USP/Wettbewerbsvorteil
Auch wenn hier der Wettbewerbsvorteil nicht so entscheidend wie bei den Wachstumsaktien ist, ist es dennoch wichtig, die Unternehmen in der Peer Group zu untersuchen. Kann ein vergleichbares Unternehmen ggf. etwas deutlich besser als das Ausgewählte? Hat das Unternehmen ein nachhaltiges Alleinstellungsmerkmal, das auch noch die nächsten Jahre und Jahrzehnte den Erfolg sichert?

Schritt 5: Bewertung
Wie immer wollen wir für gute Unternehmen nicht zu viel zahlen und auch nicht zum falschen Zeitpunkt einsteigen. Da unsere Dividendenrendite sich aus Dividende/Aktienkurs berechnet, liegt es an uns, den richtigen Einstiegszeitpunkt (Aktienkurs) zu finden. Wir können uns wieder an die Richtlinie halten, dass Total Enterprise Value (TEV)/Umsatz kleiner 10,0x und Total Enterprise Value (TEV)/EBITDA kleiner 25,0x sein sollten. Im besten Falle sind diese beiden Multiplikatoren niedriger als der Durchschnitt und Median der Peer Group.

Schritt 6: Kauf und Beobachtung
Investitionen in Dividendenaktien sind ein Langzeitinvestment. Du musst in der Lage sein, kurzfristige Schwankungen am Markt auszusitzen und abzuwarten.

> „Der wahre Investor ... wird besser abschneiden, wenn er den Aktienmarkt vergisst und auf seine Dividendenrenditen und die Betriebsergebnisse seiner Unternehmen achtet."
> – Benjamin Graham –

Falls sich eine gute Gelegenheit ergibt, kannst du sogar nachkaufen und somit deine Dividendenrendite im Durchschnitt langfristig noch steigern. Ein Beispiel wäre Shell. Der Kurs verlor 2020 ca. 50 % vom 21. Februar (22,71 €) bis zum 20. März (11,85 €). Nach einer sehr volatilen Phase pendelte sich der Preis bei ca. 16–17 € ein. Selbst bei einer erwarteten Dividendenrendite von aktuell ca. 3,5 % hätte man bei einem klugen Einstieg oder Nachkauf diese Rendite deutlich steigern können.

5.2 ETF (Exchange Traded Fund)

ETFs sind börsengehandelte Indexfonds, die die Wertentwicklung von Indizes wie des DAX, DIJA oder des MSCI World abbilden. Die abgebildeten Indizes müssen nicht nur aus Aktien bestehen, sondern können auch z. B. Anleihe- oder Rohstoffindizes sein. Die ETFs werden nicht aktiv von Fondsmanagern, sondern von Computern gesteuert und werden somit auch passive Indexfonds genannt.

Höhere Diversifizierung
Du kannst dir diese wie einen Korb aus vielen Wertpapieren vorstellen. Über einen ETF (z. B. dem MSCI World Index) kannst du in alle Wertpapiere investieren, die in dem Index abgebildet sind, den der ETF abbildet, ohne dass du diese alle einzeln kaufen musst. Du kannst somit mit wenig Aufwand und vergleichbar geringen Kosten eine hohe Diversifizierung erreichen. Nehmen wir an, du glaubst daran, dass das Thema

"Künstliche Intelligenz" in Zukunft noch viel Potenzial hat. Wenn du nicht gerade ein Branchenfachmann bist, wird es dir vermutlich schwerfallen herauszufinden, welches von den vielen Unternehmen auf der Welt in dem Bereich führend ist bzw. führend sein wird. Wenn du dennoch in dieses Marktsegment investieren willst, ohne speziell auf 2–3 Unternehmen zu setzen, kannst du in einen ETF investieren, der dieses Marktsegment abbildet und mehrere hundert oder tausend Unternehmen „im Korb" hat.

Geringere Kosten
Weil keine (teuren) Fondsmanager und Ausgabeaufschläge bezahlt werden müssen, sind die Kosten für ETFs normalerweise günstiger als bei aktiv gemanagten Fonds. ETFs bilden schlussendlich nur den Indexwert ab und dieser wird automatisiert von Computern berechnet.

Kostenlose Sparpläne
Mittlerweile gibt es von vielen Brokern auch kostenlose Sparpläne im Angebot, welche die Kosten noch einmal senken und dich zu regelmäßigem Investieren motivieren. Was spricht für einen Sparplan und gegen die Einmalanlage in einem ETF? Dadurch, dass in einem ETF sehr viele Unternehmen oder Wertpapiere gleichzeitig abgebildet sind, ist es sehr schwer, den „fairen Wert" von *allen* gleichzeitig auszurechnen. Wenn es uns schon schwerfällt, den richtigen Einstiegspunkt von *einer* Aktie zu finden, wie soll das dann mit tausenden gleichzeitig in einem Korb gehen? Mit einem Sparplan reduzierst du das „Market-Timing"-Problem und investierst immer in regelmäßigen Abständen einen festen Betrag. Je nachdem, ob der Kurs gerade besser oder schlechter steht, erhältst du für deinen fixen Betrag mehr oder weniger Anteile des ETF.

Da es auch hier ein riesiges Universum an Möglichkeiten gibt, stellt sich die Frage: Wie finden wir den richtigen ETF?

Schritt 1: globale oder selektive Strategie?
Entscheide zuerst, ob du eine globale oder selektive Strategie fahren möchtest:

Bei Ersterer suchst du dir ca. 1–3 ETFs aus, die möglichst den gesamten Weltmarkt abbilden. Somit bist du in möglichst allen Segmenten (Regionen, Größen, Branchen etc.) diversifiziert und partizipierst sozusagen am „Weltwachstum". Diese Strategie ist recht einfach und optimal für Einsteiger und passive Investoren, die mit wenig Arbeit eine solide Rendite einfahren wollen.

Bei der selektiven Strategie suchst du dir ETFs aus, welche unterschiedliche Branchen, Regionen oder Größen abbilden. Wenn du z. B. glaubst, dass sich der Markt für künstliche Intelligenz in Zukunft stärker als der Weltmarkt entwickeln wird, dann könntest du einen ETF suchen, der dies abbildet. Bei dieser Strategie stellst du dir ein Portfolio aus mehreren ETFs zusammen, dass die verschiedenen Segmente (Regionen, Branchen etc.) abbildet, die deiner Meinung nach am attraktivsten sind. Bedenke jedoch, dass je exotischer bzw. spezieller der Index ist, den der ETF abbildet, desto höher meistens die Kosten (TER) sind.

Schritt 2: Auswahl nach Kriterien
Fondsvolumen mindestens 100 Mio. €
Je höher das Fondsvolumen, desto wirtschaftlicher ist der ETF für den Anbieter. Warum ist das wichtig? Wenn das Volumen eines ETF auf Dauer zu niedrig ist, besteht die Gefahr, dass die Fondsgesellschaft diesen wegen zu geringer Rentabilität liquidiert. Bei einem Volumen von mindestens 100 Mio. € sollte dies nicht passieren. Außerdem haben größere Fonds meist eine höhere Liquidität und geringere Spreads,[1] was auch gut für deinen Kauf bzw. Verkauf ist.

Fondsalter mindestens 2 Jahre
Der ETF sollte schon seit mindestens 2 Jahren bestehen, damit du diesen mit anderen vergleichen und auch die Performance einschätzen kannst.

Total Expense Ratio (TER) max. 1,0–1,5 %
TER sind die laufenden Kosten und spiegeln sämtliche in der vergangenen Berichtsperiode entstandenen Kosten wider, die den Ver-

---

[1] Differenz zwischen 2 Preisen oder Zinssätzen (z. B. zwischen An- und Verkaufskurs von Devisen).

mögenszuwachs gemindert haben. Grundsätzlich sollten diese am besten unter 1,0 % liegen, da sie sonst zu viel von deiner Rendite kosten.

Art der Ertragsverwendung: ausschüttend oder thesaurierend?
Hält der ETF Aktien, erhält dieser die Dividenden der gehaltenen Aktien, und hält der ETF Anleihen, erhält dieser die Zinszahlungen der Anleiheemittenten. Es gibt 2 Möglichkeiten, wie der ETF diese Einnahmen verwenden kann: ausschütten (Dividende) oder thesaurieren (einbehalten). Bei Letzterem werden die Einnahmen wieder in Aktien oder Anleihen investiert. Somit steigt tendenziell der Kurs (Preis) deines ETF, aber du erhältst keinen CIF. Während thesaurierende ETFs für langfristige passive Anleger eine attraktive Option sind, sind ausschüttende ETFs für ein regelmäßiges passives Einkommen besser geeignet.

Für unsere passive CIF-Strategie sollten wir einen ausschüttenden ETF wählen, der uns analog zu den Dividendenaktien regelmäßig eine Dividende ausschüttet. Wie auch bei den Dividendenaktien gibt es ETFs, die in verschiedenen Intervallen (z. B. jährlich oder quartalsweise) ausschütten.

Schritt 3: Sparplanfähigkeit
Wenn du regelmäßig im Rahmen eines Sparplans in einen ETF investieren möchtest, musst du dich vorher bei deinem Broker (z. B. Trade Republic oder DKB) erkundigen, ob er einen Sparplan auf den von dir ausgewählten ETF anbietet.

Schritt 4: Überprüfung der größten Positionen im ETF
Da der ETF ja nur einen Index abbildet, müssen wir uns auch die darin beinhalteten Unternehmen ansehen. Natürlich müssen wir keine detaillierte Prüfung der 1000 Unternehmen machen, das würde den Zweck des „passiven" Investierens zunichtemachen. Es reicht, wenn wir uns die Top-10-Positionen in dem Index ansehen und diese Unternehmen kurz analysieren. Sind in diesen Top-10-Positionen vielleicht 5 Unternehmen enthalten, in die du selbst nicht direkt investieren würdest, solltest du deine ETF-Wahl noch einmal überdenken.

Der einfache Start
Zum Einstieg könntest du z. B. mit einem kostenlosen ETF-Sparplan auf den MSCI World und MSCI Emerging Market starten. Mit diesen bildest du den Großteil der weltweiten Marktwirtschaft ab und partizipierst am „Weltwachstum". Falls du schon genug Geld beiseitegelegt hast, um direkt mit der Dividendenstrategie zu starten, kannst du auch in Dividenden-ETFs investieren, die dir ein regelmäßiges passives Einkommen bescheren.

5.3 Anleihen

Bei einer Anleihe stellt man das eigene Kapital für einen begrenzten Zeitraum gegen die Zahlung von Zinsen zur Verfügung. Beim Kauf einer Anleihe werden also die Rückzahlung des Betrages und ein definierter Zinssatz zugesichert. Anders als Aktien sind Anleihen also (meist fest-) verzinsliche Wertpapiere, und du bist hier Fremdkapitalgeber. Falls das Unternehmen insolvent werden sollte, wird man Eigenkapitalgebern (also Aktionären) gegenüber vorrangig bedient. Der Nachteil ist jedoch, dass man – im Gegensatz zu einem Aktienkauf – keine Anteile am Unternehmen erwirbt und somit nicht direkt an einer Steigerung des Unternehmenswertes oder Aktienkurses beteiligt ist.

Die 3 bekanntesten Anleihetypen sind Staatsanleihen, Unternehmensanleihen und Wandelanleihen. Welche Punkte sind wichtig, um eine Anleihe zu bewerten?

Bonität des Schuldners
Eines der wichtigsten Kriterien bei der Bewertung von Anleihen ist die Bonität des Schuldners, also des Emittenten. Oft vergeben Agenturen wie Moodys oder Standard & Poor's ein Rating für die betreffende Anleihe und bewerten somit deren Kreditwürdigkeit. Eine sehr gute Übersicht der verschiedenen Ratings findest du auf der Website der Börse Frankfurt: https://www.boerse-frankfurt.de/wissen/wertpapiere/anleihen/rating-matrix

Auch wenn es in der Vergangenheit, v. a. in der Finanzkrise 2008/2009, Kritik an den großen Ratingagenturen gab, kannst du dich grundsätzlich an deren Ratingergebnissen orientieren. Tendenziell ist die Verzinsung einer Anleihe höher, je geringer die Bonität des Unternehmens ist. Während Staatsanleihen von Deutschland z. B. eine hohe Sicherheit auf Rückzahlung versprechen, liegen deren aktuelle Zinsen bei ca. 0 %. Unternehmensanleihen von mittelständischen Unternehmen sind risikoreicher, zahlen jedoch meist Zinsen zwischen 3–8 %. Hier kann sich eine ausführliche Analyse des Unternehmens und v. a. eine Bewertung der finanziellen Stabilität mit Hinblick auf die attraktive Rendite lohnen. Generell kannst du eine ähnliche Analyse wie auch bei den Dividendenaktien anwenden, da es uns um finanziell stabile Unternehmen mit positiven Zukunftsaussichten geht. Der Fokus liegt auch wieder auf der Cash-Generierung, da nun nicht Dividenden, sondern Zinsen bedient werden müssen. Das Unternehmen muss operativ genug Cash generieren, um sicher die Zins- und Rückzahlung der Anleihe gewährleisten zu können. Außerdem dürfen wir die Bilanzstruktur nicht vergessen. Ein Unternehmen, welches schon mehrere Anleihen ausgegeben hat und hoch verschuldet ist, hat in Zukunft ggf. Schwierigkeiten, alle Rückzahlungen zu stemmen. Eine hohe Eigenkapitalquote, ein solider Cash-Bestand sowie ein ausreichend hoher Free Cashflow sind als positiv zu bewerten.

Handelbarkeit und Spread
Notierte Anleihen können an der Börse wie Aktien gehandelt werden und haben auch einen Kurs. Hier lohnt sich wie bei den Aktien auch ein Blick auf den Spread, also den Unterschied zwischen Kauf- und Verkaufspreis. Je liquider die Anleihe, desto einfacher kannst du diese kaufen oder verkaufen und desto geringer ist der Spread. Im Klartext: Je geringer der Spread, desto geringer sind deine Einkaufs- und Verkaufskosten.

Der einfache Start
Historisch gesehen haben Anleihen schlechter performt als Aktien, dennoch sind sie eine sinnvolle Beimischung im Portfolio. Staatsanleihen von zahlungskräftigen Staaten (z. B. Deutschland oder den USA) dienen als Sicherheitsanker im Portfolio, auch bei geringer Rendite. Unternehmensanleihen von mittelständischen Unternehmen können mit attraktiver Verzinsung den passiven CIF steigern. Dies setzt eine gründliche Analyse des herausgebenden Unternehmens voraus. Informationen über deutsche Mittelstandsanleihen findest du z. B. unter www.bondguide.de oder bei den Emittenten selbst.

5.4 Alternative Investments

5.4.1 Peer-to-Peer (P2P) Lending

Bei einer Kreditvergabe von Privatperson zu Privatperson spricht man übersetzt von P2P-Lending. Das Konzept selbst ist nichts Neues. Wenn du einem deiner Freunde Geld leihst, ist das nichts anderes als Peer(du)-to-Peer Lending. Klar verlangst du bei deinem Freund keine Zinsen, da du ihn gut kennst und weißt, wo er wohnt. Wenn er das Geld nicht zurückzahlen will, hat er ja auch schöne Gartenmöbel, die sich in deinem Garten bestimmt besser machen würden. Doch hat unser Erfolgskonzept leider ein paar Schwachstellen: Wir leihen ungern Fremden unser Geld, da wir weder sie noch ihre Bonität kennen. Wir können zwar bestimmt mehr Zinsen verlangen, aber im Zweifelsfall müssten wir diesen auch hinterherlaufen, was wiederum großen Aufwand bedeutet, und so viel Platz haben wir in unserem Garten auch gar nicht. Der Aufwand und das Risiko waren in der Vergangenheit also viel zu hoch. Was es jedoch früher noch nicht gab, waren Onlineplattformen, welche den Prozess der P2P-Kreditvergabe automatisieren und vereinfachen.

Das Konzept ist einfach: Auf den P2P-Plattformen können Kreditsuchende Kreditanfragen stellen. Diese Anfragen werden dann Investoren (uns) zugänglich gemacht und wir können in diese Kredite investieren. Dafür erhalten wir die Zinszahlungen der Kredite. Wir müssen dabei auch nicht die gesamte Kreditsumme vorstrecken. Zum Beispiel können wir bei einem Kredit von 100 € auch nur 10 € beisteuern und die restlichen 90 € kommen von anderen Investoren.

Wichtig ist zu betonen, dass die P2P-Plattform keine Bank ist, sondern nur der Vermittler von Nachfrage und Angebot. Dementsprechend gibt es auch keine Einlagensicherung oder sonstige vergleichbare Kontrollen und Regulierungen. Zur Kreditvermittlung nutzen P2P-Plattformen Banken als Kooperationspartner, welche für den Transfer des Geldes zwischen Kreditgeber und Kreditnehmer zuständig sind. Neben der Matchingfunktion dient die Plattform dazu, die Bonität der Kreditnachfrager zu analysieren und zu klassifizieren. Meistens klassifizieren die Plattformen Kredite in Risikoklassen (z. B. von A bis E). Wie hoch der zu bezahlende Zinssatz des Kreditnehmers ist, richtet sich nach der zu-

5 Der Investmentguide für smarte Investoren

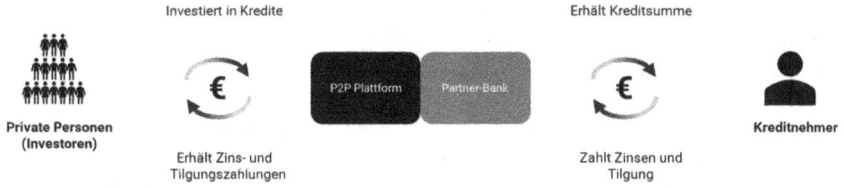

Abb. 5.3 Prozessskizze P2P-Lending. (Eigene Darstellung)

geteilten Bonitätsklasse. Ich habe dir den grundlegenden Prozess in Abb. 5.3 einmal grafisch dargestellt.

Es gibt im Wesentlichen 2 große Risiken beim P2P-Lending: Das erste ist das Ausfallrisiko, also dass ein Kreditnehmer nicht mehr zahlen kann. Hierfür gibt es 2 Strategien. Zum einen sollte man wie bei allen Investitionen nicht alle Eier in einen Korb legen und eben v. a. bei dieser Anlageklasse breit diversifizieren. Zum anderen bieten viele P2P-Plattformen eine sogenannte „Buyback-Garantie" an, die das Kreditnehmerausfallrisiko abfedern soll.

Das zweite große Risiko besteht in der P2P-Plattform selbst. Wenn diese insolvent werden sollte oder sonstige Schwierigkeiten (z. B. regulatorische) bekommt, kann es schwer werden, dein Geld wieder aus der Plattform herauszuholen. Wie überall gibt es auch bei den P2P-Plattformen schwarze Schafe, die sich entweder übernommen haben und dann in finanzielle Schwierigkeiten rutschen, die die Regulatorik auf die leichte Schulter genommen oder einfach Investoren betrogen haben. Auch hier ist es also sinnvoll, zu diversifizieren und sein hart erspartes Geld nicht nur bei einer einzigen Plattform anzulegen.

Noch einmal kurz die Vor- und Nachteile zusammengefasst:

> **Übersicht**
>
> **Vorteile**
> - hohe Rendite (meist >; 10 %)
> - Flexible Laufzeiten (Tage, Monate, Jahre)
> - Auch geringe Anlagesummen pro Kredit (ab 10 €)
> - Diversifikation: Investition mehrere Kredite gleichzeitig
> - Portfolio individuell steuerbar (Portfoliobuilder)
> - Meist vollständig automatisiert (Auto-Invest)

> **Nachteile**
> - Ausfallrisiko betrifft alle Parteien in der Kette (P2P-Plattform, Partnerbank, Kreditnehmer)
> - Fehlerhafte Einschätzung der Bonität des Kreditnehmers kann zu vermehrten Ausfällen führen
> - Bei einer Insolvenz der P2P-Plattform ist es sehr unwahrscheinlich, dass du dein Geld wiedererhältst.

Nun locken viele von diesen Plattformen mit unglaublichen Renditen (Zinsen), aber die Frage drängt sich auf: Welche Plattform ist denn nun vertrauenswürdig und relativ sicher?

Im Nachfolgenden will ich dir ein paar Kriterien an die Hand geben, anhand derer du eine für dich geeignete P2P-Plattform finden kannst. Anschließend gebe ich dir 3 Beispiele von P2P-Plattformen mit, in die ich selbst investiert habe und die von verschiedenen P2P-Profis als relativ sicher eingestuft werden. Es gibt mittlerweile eine ganze Menge an verschiedenen P2P-Plattformen und auch hier lohnt es sich, einen genaueren Blick hinter die Kulissen zu werfen, bevor du einer davon dein Geld anvertraust. Anhand der folgenden Kriterien kannst du eine erste Prüfung vornehmen und erst einmal mit 1–2 Plattformen starten. Meine Empfehlung ist, zu Beginn nicht in zu viele Plattformen zu investieren, sonst verlierst du den Überblick und der Aufwand wird zu hoch. Außerdem gibt es ein paar wenige Player, die schon länger im Markt sind und dementsprechend eine gewisse Historie und Verlässlichkeit mitbringen.

Buyback-Garantie
Manche Plattformen bieten eine sogenannte Buyback-Garantie an. Diese greift, wenn der Kreditnehmer mit seiner Zahlung einen vorher festgelegten Zeitraum, z. B. seit 30 Tagen, im Verzug ist. Diese Kredite werden dann von der P2P-Plattform wieder zurückgekauft. In diesem Fall erhältst du deine Investition in den Kredit und meistens sogar noch die (theoretisch) angefallenen Zinsen zurück.

Eine Buyback-Garantie für Kredite mit Zinsen von über 10 % hört sich fast zu gut an, um wahr zu sein. Doch solange alles gut geht und nur ein paar Kreditnehmer „ausfallen", kann dieses System auch funktionieren. Was aber, wenn es zu einer Massenarbeitslosigkeit durch eine Krise kommt und auf einen Schlag sehr viele Kreditnehmer ihre Raten nicht mehr zahlen können? Dann kommt der Dominoeffekt zum Tragen und die Plattform kann nicht alle ausgefallenen Kredite zurückkaufen, ohne selbst in Zahlungsschwierigkeiten zu geraten. Klar, dies ist ein Worst-Case-Szenario, aber es verdeutlicht, dass die Buyback-Garantie kein Freifahrtschein ist. Grundsätzlich ist sie jedoch eine gute Sache, und meine Empfehlung ist, sich Plattformen auszuwählen, die eine solche Garantie anbieten.

Auto-Invest und Portfoliobuilder
Wie wir schon festgestellt haben, würde es recht aufwändig werden, in 100 verschiedene Kredite zu investieren, die teilweise nur ein paar Tage laufen. Denn das zurückgezahlte Geld sowie die Zinsen sollten ja am besten gleich wieder weiterinvestiert werden, sonst arbeitet dein Geld ja nicht weiter für dich. Viele der Plattformen bieten eine Auto-Invest-Funktion an, die dein Geld wieder und wieder und wieder reinvestiert. Diese Funktion hält deine Arbeiterschaft an Geldstücken fleißig auf Trab und spart dir viel Zeit und Aufwand. In der Praxis funktioniert das so: Du legst mithilfe eines Portfoliobuilders gewisse Kriterien fest, nach denen die Auto-Invest-Funktion investieren darf. Zum Beispiel kannst du vorgeben, dass dein Geld nur in Kredite mit über 10,5 % und für maximal 30 Tage investiert werden soll. Hier gibt es je nach Plattform eine ganze Fülle an Kriterien, die du je nach deinem Chancen-Risiko-Profil festlegen kannst. Diese Funktion macht die P2P-Anlageklasse zu einem optimalen passiven Investment. Falls du einen echten passiven CIF auf deinem Konto haben willst, kannst du auch einstellen, dass der Auto-Investor deine Zinsen nicht reinvestieren soll.

Zweitmarkt (Sekundärmarkt)
Wie sieht es jedoch mit der Liquidität aus? Was ist, wenn du in Kredite investiert hast, die noch eine Weile laufen, und du das Geld aber zeitnah benötigst? Aktien und Anleihen kannst du über die Börse wieder verkaufen, im Notfall mit Verlust. Aber wie sieht es mit P2P-Krediten aus? Hierfür gibt es bei einigen Plattformen einen sogenannten Sekundär-

markt. Auf diesem kannst du Kredite, in die du bereits investiert hast, zum Verkauf anbieten oder anderen Investoren Kredite abkaufen. Es ist also empfehlenswert, sich eine Plattform zu suchen, die einen Sekundärmarkt anbietet, nur um sicherzugehen.

Vertrauenswürdigkeit und Stabilität
Es gibt noch weitere Faktoren, die in die Entscheidung hineinspielen und die sich unter Vertrauenswürdigkeit und Stabilität zusammenfassen lassen. Im Kern geht es darum, zu entscheiden, ob du der Plattform dein Geld anvertrauen möchtest. Ist die Plattform vertrauenswürdig und im Falle eines volkswirtschaftlichen Abschwungs auch stabil genug, um nicht in die Insolvenz zu rutschen?

Die **Vertrauenswürdigkeit** kannst du u. a. beurteilen, indem du herausfindest, wie lange es die Plattform schon gibt. Wurde diese erst vor 1–2 Jahren gegründet, solltest du vorerst die Finger davon lassen. Auch in diesem neuen Geschäftsbereich gab es schon das ein oder andere Fintech, das sich als Scam (Betrug) erwies. Je länger das Unternehmen bereits erfolgreich ist, desto besser. Bondora wurde z. B. 2008 gegründet und ist somit nahezu 13 Jahre alt.

Weiterhin schafft **Transparenz** Vertrauen. Wie kommuniziert die Plattform mit ihren Investoren und was genau wird kommuniziert? Werden die Jahresabschlüsse/Geschäftsberichte veröffentlicht und sogar geprüft? Wie tritt das Management auf? Werden auch schlechte Nachrichten kommuniziert und wird somit vollständige Transparenz gezeigt oder werden immer nur die großartigen Neuerungen und Rekorde breitgetreten? Vor allem in Krisenzeiten sieht man, aus welchem „Holz" die Plattformen geschnitzt sind. Sieh dir die Performance und Kommunikation während der Covid-19-Krise in den Jahren 2020 und 2021 an. Wie und was wurde den Investoren kommuniziert?

Neben der Transparenz ist ein weiterer Faktor die **Regulierung**. Wichtig ist zu überprüfen, ob und von wem die Plattform reguliert ist. Ein Beispiel ist Auxmoney, die von der BaFin in Deutschland reguliert ist.

Ein weiterer Punkt ist die **Stabilität**. Hier kommt es auf eine hohe Anzahl an Investoren und Kreditnehmern an. Ein hohes Gesamtkreditvolumen ist vorteilhaft. Je mehr Teilnehmer bei der Plattform, desto besser funktioniert der Plattformgedanke.

Betrachten wir 3 (aktuell) gute P2P-Plattformen, die von einigen P2P-Experten empfohlen und als relativ sicher und attraktiv eingestuft werden.

Mintos

Hierbei handelt es sich um einen der größten Anbieter, der mit ca. 12 % Rendite pro Jahr wirbt. Mintos hat seinen Firmensitz in Lettland, ca. 330.000 Investoren aus über 60 Ländern, und es wurden über die Plattform bereits mehr als 5,5 Mrd. € investiert.

Die Plattform ermöglicht eine breite Diversifikation, da sie eine hohe Anzahl an Krediten, eine niedrige Mindesteinlage sowie die Möglichkeit bietet, in mehreren Ländern und unterschiedlichsten Kredittypen (Privatkredit, Geschäftskredit, Hypothekenkredit etc.) zu investieren.

Die Mindesteinlage je Kredit beträgt gerade einmal 10 €, und auch nicht gerundete Beträge können investiert werden. Investieren ist bis dato für den Investor kostenlos. Nur beim Handel über die Sekundärmärkte fällt eine Gebühr von 1 % an. Mintos bietet eine Buyback-Garantie sowie eine Auto-Invest-Funktion an und ist bisher in seiner Kommunikation sehr transparent.

TWINO

Ein etwas älterer Player ist TWINO, der mit ca. 10 % Rendite pro Jahr wirbt. TWINO hat, wie Mintos, seinen Sitz in Lettland, eine große Anzahl an Krediten und seit 2009 bereits 1 Mrd. € Kreditvolumen vermittelt. Mit über 22.000 Investoren ist die Plattform zwar deutlich kleiner als Mintos, ist aber mit der Gründung im Jahr 2009 auch schon ein paar Jahre länger im Markt.

Auch bei TWINO beträgt die Mindesteinlage 10 € und es fallen auch hier derzeit keine Gebühren für den Investor an. TWINO bietet einen Sekundärmarkt, einen Auto-Investor und eine Buyback-Garantie. Mit regelmäßigen News, Updates, technischen Neuerungen und einer recht transparenten Kommunikation gehört auch diese Plattform zu den hochwertigeren Spielern im P2P-Markt.

VIAINVEST

VIANVEST ist ein Teil der VIA SMS Group, einem 2009 gegründeten, in Europa tätigen Finanzdienstleister, und wirbt aktuell (Oktober 2022) mit bis zu 13 % Rendite pro Jahr. Der Firmensitz ist in Riga, Lettland, und die Plattform ist in weiteren Ländern wie Spanien, Schweden, Polen, Rumänien, Tschechien und Vietnam aktiv.

VIAINVEST hat ein etwas anderes System als die üblichen P2P-Plattformen, die als reine Kreditvermittler auftreten. Kreditnehmer beantragen ein Darlehen bei der VIA SMS Group. Nach positivem Prüfungsergebnis kommt ein Darlehens- oder Kreditvertrag zustande. Informationen über den aktiven Kreditvertrag werden automatisch an die Plattform VIAINVEST weitergegeben, wo dieser dann für öffentliche Investitionen angeboten wird. Da man bei VIAINVEST in bereits laufende Kredite investiert, kann man davon ausgehen, dass die Darlehensanbahner die Kreditnehmer im Vorfeld geprüft haben. VIAINVEST wird durch die Wirtschaftsprüfungsfirma BDO geprüft, was ein gewisses Vertrauen mit sich bringt. Die Kommunikation sowie die Transparenz sind sehr gut.

Zusammengefasst sind Investitionen in P2P-Kredite eine attraktive Ergänzung im Portfolio. Da diese Investmentklasse jedoch vergleichsweise jung und großenteils unreguliert ist, sollte man hier mit Vorsicht investieren und diese Investmentklasse eher als Ergänzung zum Portfolio sehen, aber nicht als dessen Basis.

5.4.2 Crowdinvesting

Im Gegensatz zu P2P-Kreditinvestitionen leihst du hier als Privatperson nicht einer anderen Privatperson Geld, sondern investierst in junge Unternehmen oder Immobilienprojekte.

Crowdinvesting ist also eine Finanzierungsform, bei der sich viele Privatpersonen mit geringen Geldbeträgen über Onlineplattformen an zumeist jungen Unternehmen beteiligen. Diese Beteiligung wird in den meisten Fällen über stille Beteiligungen, Genussrechte oder partiarische Darlehen ausgestaltet. Während sich das P2P-Lending auf die Vergabe

5 Der Investmentguide für smarte Investoren

von Fremdkapital beschränkt, liegt das Crowdinvesting zwischen Fremd- und Eigenkapital.

Kleinanlegern wird so ein vereinfachter Zugang zu Anlageklassen möglich gemacht, die zuvor Großanlegern vorbehalten waren. Crowdinvesting bietet insbesondere Start-ups einen Vorteil, da sie aufgrund ihrer Größe oft nicht in der Lage sind, Kapital über den Börsengang aufzunehmen.

Das Hauptziel von Crowdinvesting-Immobilienprojekten in diesem Bereich besteht darin, Mezzanine-Kapital zu beschaffen, das von Banken als Ersatz für Eigenkapital anerkannt wird. Somit kann der Projektleiter den „eigenen" Eigenkapitalanteil für Immobilienprojekte verkleinern und die Eigenkapitalrendite steigern.

Start-up- oder Immobilien-Mezzanine Finanzierungen sind jedoch keine Neuerscheinungen. Oft wurde dies von Banken oder größeren Investoren übernommen. Die Crowdinvesting-Plattformen machen diese großen Finanzierungen nun auch Privatinvestoren möglich, die mit nur 10 oder 100 € an diesen großen Projekten partizipieren können.

Die Laufzeiten solcher Finanzierungen sind je nach Plattform, Branche und Art unterschiedlich. Bei Immobilienbeteiligungen liegen diese meist bei 2–3 Jahren, während sie bei Start-ups meist etwa 5–8 Jahre betragen.

Wichtig ist, dass während der Laufzeit meist keine Kündigungsmöglichkeit für die Crowdinvestoren vorgesehen ist. Außerdem gibt es für Crowdinvestments nur wenige bzw. noch keinen richtig gut funktionierenden etablierten Sekundärmarkt. Anders als bei Aktien z. B. kann man das eigene Investment meistens nicht schnell und unkompliziert verkaufen. Manche Plattformen versuchen jedoch bereits, ähnlich wie bei den P2P-Plattformen eine Art Sekundärmarkt einzuführen.

Da du auf der Suche nach Cashflowinvestitionen bist und nicht riskant auf den Erfolg einer (vielleicht innovativen) Geschäftsidee spekulierst, solltest du Crowdinvesting-Projekte suchen, die dir einen planbaren Cashflow bescheren. Dies können Zinsen oder Ausschüttungen (Dividenden) sein. Bei Immobilienprojekten sind dies meist feste Zinszahlungen in Höhe von 5–15 %, während bei Start-up-Finanzierungen meist eine (variable) Gewinnbeteiligung angeboten wird. Wie hoch diese Gewinnbeteiligung am Ende ausfällt, richtet sich danach, wie gut das Unternehmen läuft. Jedoch gibt es auch hier verschiedene Ausgestaltungs-

Tab. 5.2 Unterschiede bei Invest in Start-ups oder Immobilien

Crowdinvesting	Start-up	Immobilien
Mindestanlagevolumen	Gering	Gering
Feste Zinsen	Selten	Überwiegend
Gewinnbeteiligung	Überwiegend	Selten
Feste Laufzeit	Selten	Überwiegend
Ausfallraten	Höher	Niedriger

modelle, die man sich im Detail ansehen muss. Wichtig ist, dass du nicht einfach ein Projekt auswählst, das toll klingt; denn fast alle hören sich toll an. Schau dir v. a. an, wie das Start-up/die Immobilie Geld verdienen will und wie realistisch der Business- oder Cashflowplan ist. Oft werden Start-up-Businesspläne zu ambitioniert angesetzt. Bei Immobilien solltest du dir auch vergleichbare Immobilien in einer vergleichbaren Lage sowie deren Kauf-, Verkaufs- und Mietpreise ansehen. Somit kannst du dir ein Bild davon machen, ob das Projekt realistisch geplant ist. Immobilien haben meist den Vorteil, dass ein physischer Vermögenswert hinter dem Projekt und somit hinter der Finanzierung steht.

Die Vor- und Nachteile unterscheiden sich bei Start-up- und Immobilieninvestments. In Tab. 5.2 habe ich dir die wichtigsten Unterschiede einmal tabellarisch dargestellt.

Crowdinvesting ist eine weitere interessante Beimischung zum Portfolio, da du auch mit geringen Beträgen mitmachen kannst. Jedoch ist auch hier die Empfehlung, diese Investmentklasse nur als Ergänzung zum Portfolio zu sehen, da der hohen Rendite auch ein höheres Ausfallrisiko entgegensteht.

Beispiele für Plattformen dieser Investmentklasse wären Companisto oder Bergfürst.

5.4.3 Kryptowährungen

Nachdem die bekannteste Kryptowährung „Bitcoin" 2017 den Boom auslöste, kamen tausende weitere Kryptowährungen unterschiedlichster Art auf den Markt, von denen einige in den Jahren 2017, 2020 oder 2021 ein Kursplus von über 10.000 % verbuchten. Ein Investment von ein paar tausend Euro in den richtigen Coin hätte dich innerhalb kurzer

Zeit zum Millionär gemacht. Oder du hättest dein gesamtes Investment verloren, je nachdem, ob du auf den richtigen Coin gesetzt hättest oder leider auf einen falschen. Nun ist die Frage: In welchen Coin soll ich investieren und wann? Leider gibt es hier noch zu wenige Erfahrungswerte, als dass ich dir eine validierte Strategie wie bei z. B. Aktien mitgeben kann. Neben dem Verständnis der Blockchain-Technologie, der Vielfältigkeit der Unternehmenskonzeptionen, die hinter den Kryptowährungen stehen, sind v. a. auch die fehlenden validierten Bewertungsmethoden, die eine Struktur in die hohe Volatilität bringen sollten, ein Hemmnis für viele, die sich für ein Investment in Kryptowährungen interessieren. Noch ist nicht deutlich, anhand welcher Kriterien Kryptowährungen bewertet werden sollen, da bisher noch kein bewiesen zuverlässiges Modell für die Bewertung von Kryptowährungen existiert.

Wenn du dich also nicht so gut mit Kryptowährungen und den dazugehörigen Technologien auskennst, würde ich dir dafür eine Buy-&-Hold-Strategie mit breiter Diversifikation empfehlen. Diese hat sich für die meisten ausgezahlt, die früh genug dabei waren und die massiven Marktschwankungen einfach ausgesessen haben.

Als Beispiel kann der Bitcoin-Kurs dienen. Nachdem sich der Bitcoin in kurzer Zeit verdreißigfacht (30x) hatte, stürzte er kurz danach um 80 % ab, nur um sich einige Zeit später zu verachtzehnfachen (18x) und aktuell wieder um 50 % zu fallen. Wenn man jedoch nicht verkauft, sondern einfach abgewartet hat, konnte man sein Investment zwischen Mitte 2015 und 2021 noch einmal verhundertfachen. Siehe hierfür Abb. 5.4.

Ähnlich sieht es bei den meisten anderen Kryptowährungen aus. Da der Großteil des Krypto-Marktes mit dem Verlauf des Bitcoins korreliert, macht es Sinn, diesen im Portfolio zu halten. Ethereum, die zweitgrößte Kryptowährung nach Marktkapitalisierung, hat viele technische Anwendungsbereiche und könnte für die Zukunft interessante Entwicklungen zeigen. Es gibt noch eine ganze Menge weiterer Coins, die rein technisch gesehen eine starke Zukunft vor sich haben könnten. Leider kann man nur schwer vorhersagen, welcher Coin erfolgreich sein wird und welcher nicht. Wenn du dich nicht so tief in die Materie eingraben willst, empfehle ich dir, den Rat von Warren Buffet zu beherzigen und in diesem Fall nicht zu konzentrieren, sondern zu diversifizieren:

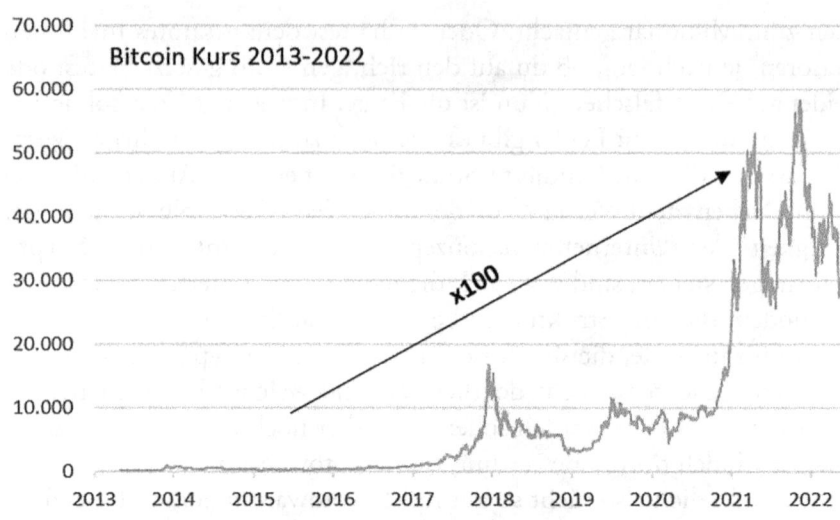

Abb. 5.4 Bitcoin-Kurs 2013–2022. (Eigene Darstellung)

> Diversifizieren ist ein Schutz gegen Unwissen. Es macht wenig Sinn für diejenigen, die Bescheid wissen.
> – Warren Buffett –

Da ein Investment in Kryptowährungen etwas anders abläuft als bei Aktien oder Anleihen, möchte ich dir hier kurz die wichtigsten Schritte erklären.

Zuerst musst du dich auf einer Exchange oder Börse anmelden, wie z. B. eToro, Kraken oder Binance. Da es hier in Vergangenheit immer wieder Hackerangriffe auf verschiedene Plattformen gab, empfehle ich dir, dich vorher über seriöse Anbieter zu informieren. Hier erhältst du dann ein digitales „Wallet", was vergleichbar mit einem Depot bei deinem Broker ist. Als nächsten Schritt überweist du z. B. Euro oder US-Dollar (sogenanntes Fiatgeld) auf deinen Account. Sobald das Geld angekommen ist, kannst du dein Fiatgeld in Kryptowährungen tauschen. Bei kleineren Kryptowährungen geht das oft nur über den Umweg, dass du vorher Fiat gegen Bitcoin und dann diesen gegen die kleine Kryptowährung wechselst.

Da Kryptowährungen und die damit zusammenhängende Blockchain-Technologie ein klares Zukunftsmodell sind, auf welche Weise auch immer, lohnt es sich definitiv, einen Teil seines Portfolios breit gestreut in Kryptowährungen anzulegen und langfristig zu halten. Wichtig ist hier, Ruhe zu bewahren, da extreme Marktschwankungen sehr oft vorkommen. Ähnlich wie bei den meisten Investments, v. a. mit Börsenbezug, kann ich dir mitgeben: Du kannst maximal 100 % deines Investments verlieren; nach oben gibt es jedoch keine Grenze. Mit den hohen Gewinnchancen gehen jedoch genauso hohe Risiken einher.

Jedoch kann man auch mit Kryptowährungen passives Einkommen erzielen. Möglichkeiten sind z. B. Mining, Staking, Darlehen (P2P), Partnerprogramme und mehr.

Mining
Mining bedeutet, dass man Rechenleistung einem Netzwerk zur Verfügung stellt und Kryptowährungen als Belohnung erhält. Zu Beginn von Bitcoin war dies eine der üblichen Methoden, um Bitcoins zu erhalten.

Staking
Vereinfacht gesagt überlässt du hierbei für einen gewissen Zeitraum deine Coins jemand anderem und erhältst dafür Zinsen. Dies funktioniert jedoch aktuell nur mit Coins, die mit dem Proof-of-Stake(PoS)-Konsensmechanismus arbeiten. Die technische Erklärung des Mechanismus führt an dieser Stelle zu weit, aber falls es dich interessiert, kann ich dir die Binance-Academy-Artikel empfehlen, die in relativ einfachen Worten die technischen Details erklären.

Krypto-Lending
Ähnlich wie bei den bereits beschriebenen P2P-Plattformen, auf denen du Kredite vergeben konntest, gibt es diese Möglichkeit auch mit Kryptowährungen. Der Prozess läuft im Wesentlichen sehr ähnlich dem auf einer P2P-Plattform ab. Nur verleihst du hier nicht Fiatgeld[2] (EUR, USD), sondern deine Kryptowährungen.

---

[2] Fiatgeld sind z. B. Euro oder Dollar, also Währungen, die ausschließlich vom Staat bzw. (Zentral-) Banken ausgegeben und reguliert werden.

Partnerprogramme
Auch bei einigen Krypto-Unternehmen gibt es Affiliate-Marketing-Partnerprogramme. Wenn du eine gute Social-Media-Reichweite hast, ist dies eine gute Möglichkeit, passives Einkommen zu erzielen, indem du die Krypto-Unternehmen weiterempfiehlst. Damit du jedoch deinen Followern nicht womöglich zweifelhafte Sachen nur um des Geldes willen weiterempfiehlst, solltest du vorher genau prüfen, was und wen du weiterempfiehlst.

Es gibt noch weitere und teilweise komplexere Möglichkeiten, passives Einkommen auch mit Kryptowährungen zu generieren, und es kommen stetig mehr dazu. Dies ist ein dynamischer und sehr interessanter Markt. Ich kann jedem empfehlen, sich wenigstens ein bisschen mit der Materie auseinanderzusetzen. Beispiele für Krypto-Unternehmen, die schon länger am Markt sind, wären z. B. Kraken, Binance oder Coinbase. Letzteres (Coinbase) ist zum Beispiel mittlerweile an der Börse notiert und unterliegt dementsprechend strengen Transparenzpflichten und Regularien.

5.5 Immobilien

5.5.1 Immobiliendirektanlage

Es gibt verschiedene Immobilienstrategien, wie z. B. Büroimmobilien, Ferienhäuser, Hotels und noch viele mehr. Für uns als Privatinvestoren, die gerade erst mit Immobilieninvestments starten wollen, kommt vorrangig die klassische Eigentumswohnung in Frage. Das ist die einfachste Möglichkeit, um mit Immobiliendirektinvestments zu starten und zu üben, denn das Risiko, der Aufwand und der Kapitalbedarf hierfür sind überschaubar.

Auch hier gibt es verschiedene Substrategien, wie z. B. Fix & Flip oder die Kurzzeitvermietung (AirBnB), jedoch ist zum Einstieg die klassische Langzeitvermietung die einfachste Strategie, weswegen wir uns im Nachfolgenden auch hierauf fokussieren wollen.

Du kaufst eine Wohnung und vermietest diese langfristig an Privatpersonen. Unser Ziel ist es, mit möglichst wenig Aufwand einen stabilen und planbaren passiven CIF zu erschaffen.

Wie läuft also ein Immobilieninvestmentprozess im Detail ab und auf welche Punkte sollte man dabei achten?

Der Immobilieninvestmentprozess

Schritt 1: Definiere dein Musterinvestmentobjekt

Falls du noch keine Musterimmobilie im Kopf hast, gebe ich dir gerne meine Kriterien weiter, die ich aus diversen Büchern und praktischer Erfahrung zusammengetragen habe und mit denen ich bisher erfolgreich investiert habe. Was ist die Logik hinter diesen Rahmenbedingungen? Vermutlich kennst du das Angebot-Nachfrage-Modell aus der Volkswirtschaftslehre. Ein Punkt in dem Modell ist, dass je größer die Nachfrage, desto höher der Preis eines Produktes oder einer Dienstleistung ist. Die Eigenschaften meiner Musterimmobilie versuchen eine möglichst große Zielgruppe anzusprechen, damit ich mir die besten Mieter zum höchsten Mietpreis aussuchen kann. Ich versuche also, eine möglichst hohe Nachfrage zu erreichen, damit ich hier den höchsten (relativen) Preis erzielen kann.

Musterprofil der Immobilie
Daten
- 2- bis 3-Zimmer-Wohnung
- 50–80 qm Wohnfläche
- Energieausweis positiv
- Bis 2. Obergeschoss ohne Fahrstuhl, ab 3. mit Fahrstuhl
- Kleiner Balkon oder Kellerabteil
- Guter Grundriss (keine langen Gänge, keine Durchgangszimmer)
- WC/Bad mit Fenster
- Allgemeinzustand Wohnung: gut (Elektrik und Wasserleitungen nicht veraltet)
- Preis 75.000–120.000
- Positiver Free Cashflow (CIF > COF)

Hauszustand
- In einem reinen Mehrfamilienhaus mit maximal 20 Wohneinheiten
- Kein Denkmalschutz
- Allgemeinzustand Haus: gut, kein Renovierungsstau
- Letzte Dachsanierung max. vor 20 Jahren, Zustand: gut
- Alter der Fenster max. 10 Jahre

Umfeld
- A-minus- bis B-minus-Lage (Lage: A = sehr gut; B = gut; C = mittel; D = schlecht)
- Gute Wohninfrastruktur im Umfeld (Kindergärten, Schulen, Supermärkte etc.)
- Gut an öffentliche Verkehrsmittel angebunden: 5–10 min zu Fuß
- Maximal 30 min in die Innenstadt

Schritt 2: Standortanalyse

Um einen Standort bewerten zu können, benötigen wir Informationen aus Statistiken, historischen Daten, Prognosen von renommierten Instituten. Da wir bei Cashflowimmobilien auf einen Horizont von 20–30 Jahren blicken, müssen wir uns vorrangig auf Zeitverläufen sowie Entwicklungen fokussieren und nicht nur auf den aktuellen Stand. Die Makrolage beschreibt das Land, die Gesamtregion und die Stadt. Die Mikrolage beschreibt den Stadtteil, die unmittelbare Nachbarschaft, die Lage der Straße und des Gebäudes sowie Lärmquellen.

Makrolage
Unter anderem Entwicklung von:

- Politik, Wirtschaft, Steuer- und Rechtssystem
- Bevölkerungswachstum
- Arbeitslosenquote
- Industriegewerbestruktur
- Immobilien- und Mietpreise
- Haushaltseinkommen
- Leerstände
- Neubauaktivitäten

Mikrolage
- Bevölkerungsstruktur
- Geschäfte und Einkaufsmöglichkeiten, Image, Naherholungsgebiete, Angebote für Freizeitaktivitäten
- Lärm- und Luftemissionen
- Nachbarschaft und Sicherheit
- Zustand des Gebäudes, Hausgemeinschaft
- Aussicht aus der Wohnung, Ausrichtung der Wohnung, Standard
- Verkehrsinfrastruktur (Öffentlicher Personennahverkehr, Parkplätze, neue Bauprojekte)

Es gibt noch etliche weitere Punkte, die man ergänzen könnte, aber ich will dir nur ein Gefühl dafür geben, in welche Richtung du dich informieren musst, um einen geeigneten Standort auszuwählen. Ich werde dir nachfolgend noch eine Liste an Kriterien mitgeben, die ich für meine Immobilieninvestments verwende und mit denen ich in der Vergangenheit sehr gute Erfahrungen gemacht habe. Da die reine Statistik und das gesamte Zahlenmaterial dich effektiv nicht weiterbringen, musst du die jeweiligen Daten auch richtig interpretieren. Es ist unmöglich, *alle* Kriterien zu prüfen und zu analysieren, weswegen es sinnvoll und effizient ist, sich die wichtigsten auszuwählen und anhand dieser zu starten und die Liste immer wieder anzupassen. Was viele auch vergessen, ist der persönliche Feelgood- bzw. subjektive Faktor. Wenn du ein Land, eine Region oder eine Stadt besonders gerne magst, darf das definitiv nicht dein einziges Entscheidungskriterium sein, aber es ist ein guter Start, sich diesen Markt einmal genauer anzusehen. Wenn du z. B. in Nürnberg wohnst oder die Stadt Wien sehr gerne magst, dann könntest du damit starten, diesen Standort anhand der Makro- und Mikrolage zu analysieren. Wenn sich ergibt, dass dieser Markt kein guter Standort für Immobilieninvestments ist, kannst du woanders suchen. Ich habe meine ersten Immobilieninvestments in Spanien, Valencia getätigt, weil ich die Stadt und ihre Viertel gut kenne, ein gutes Netzwerk vor Ort habe und der Standort aktuell sehr attraktiv für Cashflowimmobilieninvestments ist. Als drittgrößte Stadt Spaniens mit Industrie, Universitäten und ausgedehnter Strandpromenade bietet Valencia viele interessante Faktoren für Immobilieninvestoren, was sich auch in einer sehr guten Rendite (ca. 7–9 % Mietrendite, 20 %+

Eigenkapitalrendite) widerspiegelt. Falls du mehr Infos dazu haben möchtest, dann schaue gerne auf www.deine-finanziellefreiheit.com.

Schritt 3: Zusammenstellen deines Teams und die Immobiliensuche
Ein gutes Team ist unersetzlich und bringt dir weit mehr Rendite ein als ein schlechtes. Stelle also sicher, dass du dein Team aus Dienstleistern (z. B. dein Makler, Anwalt und Hausverwaltung) gut bezahlst, denn auch dein Team ist ein Investment, das dir später einen höheren Cashflow oder nur Probleme bringen kann. Versuche also nicht, deine Teammitglieder bis auf den letzten Euro herunterzuhandeln. Sie werden nicht glücklich sein, eine nicht so gute Leistung erbringen und damit wirst auch du am Ende nicht gut fahren. Wenn du auch die Koordinationsarbeit outsourcen willst, gibt es Investmentberater, die den ganzen Prozess von Kauf, Vermietung und Verwaltung für dich übernehmen. Diese kosten dich natürlich ein paar Renditepunkte, nehmen dir aber viel Arbeit ab und durch ihr Expertenwissen kannst du das Risiko eines Fehlinvestments maßgeblich reduzieren.

Makler Hier empfehle ich, zu Beginn den Makler zu fragen, wie viele Wohnungen er selbst gekauft hat und verwaltet. Dies zeigt, ob der Makler bisher nur aus der „Dienstleister-/Makler"-Brille Erfahrung gesammelt hat oder schon selbst als Investor aktiv war. Wenn er bereits als Investor aktiv war, dann kann er dir besser helfen, auf Dinge zu achten, die für *dich* als Investor wichtig sind, und dir vielleicht wertvolle Erfahrungswerte mitgeben. Vorteilhaft ist auch das Netzwerk, das der Makler mitbringt, wenn du ihn beauftragst. Kennt er vielleicht gute Bausachverständige, Verwalter oder Banker, die dir eine bevorzugte Behandlung oder einen besseren Preis geben, wenn du sie mit ihm zusammen kontaktierst? Hat der Makler besondere Marktkenntnisse? Was tut er alles für dich, wenn du ihn beauftragst? Wie viele Besichtigungen übernimmt er für dich? Welche Beratungsleistungen sind inbegriffen? Kann er dir valide Informationen über die Kauf-, Verkaufs- und Mietpreise in der Region geben, in die du investieren willst?

Wenn du keinen Makler beauftragen möchtest, findest du auch über andere Kanäle interessante Objekte. Beispiele dafür sind: Netzwerke, Zeitungsanzeigen, Internetportale (www.Immobilienscout24.de, www.Immonet.de, www.Immowelt.de, www.immoparadies.de, www.nestoria.de, www.nuroa.de, www.ohne-makler.net, www.private-immobilienangebote.de, www.wohnungsboerse.net). Ähnliche Internetportale findest du nahezu in jedem Land (Spanien: www.idealista.com oder Österreich: www.immodirekt.at).

Verwalter Er betreut und verwaltet das gesamte Objekt und ist der Ansprechpartner für die Eigentümer sowie die Mieter. Er ist die Zwischeninstanz zwischen deinem Mieter und dir als Eigentümer. Dies macht oft Sinn, da du dich als Investor nicht selbst um einen kaputten Wasserhahn kümmern willst. Der Verwalter nimmt dir wichtige, aber zeitraubende Aufgaben ab, z. B. die Mieterbetreuung bei Fragen und Problemen oder die Betriebskostenabrechnung. Somit kannst du dich ganz auf dein Investmentcontrolling und neue Deals konzentrieren.

Gutachter Er ist ein wertvoller Verbündeter in Bezug auf Dealbreaker, und auch für die Kaufpreisverhandlung ist der Gutachter unerlässlich. Wichtig ist v. a. seine Expertise in Sachen Bausubstanz und immobilientechnische Unterlagen. Viele Gutachter geben lange computergenerierte, theoretische Auflistungen von Daten ab, was dich aber nicht weiterbringt. Du benötigst jemanden, der in die Wohnung geht und stichpunktartig schriftlich auflistet, welche Probleme, Mängel und Schwachstellen die Wohnung hat und welche Kosten und Maßnahmen in Zukunft auf den Käufer zukommen werden. Mit dieser Liste kannst du auf den Verkäufer zugehen und versuchen, den Kaufpreis neu zu verhandeln. Außerdem gibt sie dir einen Überblick, ob es vielleicht Deal Breaker gibt, die stark gegen diese Wohnung sprechen. Der Gutachter ist also eine Absicherung und gibt dir wichtige Infos für die Kalkulation und Verhandlung.

Steuerberater Wichtig ist, hier keinen einfachen Steuerberater, sondern einen mit Immobilienfokus und -expertise zu wählen. Er muss verstehen, wie deine Investmentstrategie funktioniert, und dich dabei unterstützen.

Rechtsanwalt Analog dem Steuerberater benötigst du einen Rechtsanwalt mit Immobilienfokus. Frage jedoch weiter nach, ob er sich auf Wohnungs- oder auf Gewerbeimmobilien spezialisiert hat, da hier große

Unterschiede bestehen. Wie bei allen Teammitgliedern ist es immer ein Bonus, wenn die Person selbst Immobilien besitzt und ein kluger Immobilieninvestor ist.

Baufachmann/Handwerker Sicher fallen zu einem bestimmten Zeitpunkt Bau- oder Reparaturmaßnahmen an, die dein Hausmeister nicht selbst erledigen kann. Hier benötigst du Fachkompetenz. Zu beachten sind hier Expertise bzgl. bauphysikalischer Fragen, Vertrauenswürdigkeit, Zuverlässigkeit und Organisationsfähigkeit.

Finanzierer (Banker/Investor) Stelle dich gut mit deinem Banker/Investor und nimm früh genug Kontakt mit ihm auf, um die wichtigsten Eckpunkte deiner Finanzierung zu klären.

Finanzierungsquelle Es gibt verschiedene Möglichkeiten, dein Immobilieninvestment zu finanzieren, wobei realistisch gesehen für uns Privatinvestoren unser Cash (Eigenkapital), die klassische Bankfinanzierung (Hypothekendarlehen, langfristiges Privatdarlehen, kurzfristiger Kredit) oder Friends und Family die relevantesten sind. Des Weiteren gibt es andere Finanzierungsquellen, die meiner Erfahrung nach zu Beginn deiner Immobilieninvestorkarriere noch wenig Relevanz haben werden, wie Verkäuferfinanzierung, Fördermittel, Bürgschaften, Garantien oder Co-Investoren und Business Angels. Umgekehrt kannst du dich selbst auch als Co-Investor bei manchen Immobilienprojekten beteiligen. Das funktioniert meistens so, dass du als Investor einen Teil des Kapitals beisteuerst und der andere Investor die operative Arbeit (Kauf, Vermietung, Verwaltung) der Immobilie übernimmt.

Wichtig ist hier, dass du dich auf das Gespräch mit deinem Finanzierer gut vorbereitet hast. Ein wichtiges Tool ist deine Investmentkalkulation: Dies zeigt dem Finanzier, dass du dich mit der Wirtschaftlichkeit deines Investmentvorhabens auseinandergesetzt hast, und wenn sich die Investition rechnet (positiver Cashflow), dann erhöht das die Sicherheit des Finanziers, was wiederum den Zins senkt und die Wahrscheinlichkeit erhöht, dass du das Geld erhältst. Da du bereits dein Musterobjekt definiert hast, reicht es vorerst, dem Finanzierer deine Kalkulation mit den Musterzahlen (die nahe an der schlussendlichen Realität liegen sollten) vorzulegen.

Ein weiteres Dokument, welches du vorbereiten solltest, ist deine persönliche Vermögensbilanz: Ja, bei den Finanziers musst du finanziell die sprichwörtlichen Hosen herunterlassen. Da wir hier gut vorbereitet sind, kannst du dem Finanzier deine persönliche Bilanz und deine Cashflowrechnung zeigen, die ihm darstellt, dass du genug Sicherheiten und Free Cashflow hast für diese Investition und, falls die Investition nicht gut läuft, dennoch Zins und Tilgung begleichen kannst.

Optional, aber gerne gesehen ist ein persönliches Exposé. Dies ist eine Übersicht über dich, da du der Kreditnehmer und Investor bist. Lege eine Kurzfassung deines Lebenslaufs, deiner Schufa und deiner Kontoauszüge mit deinen Cashflows bei, damit du maximale Transparenz signalisierst und der Finanzier ein gutes Gefühl dabei hat, dir Geld zu leihen.

Rollierendes Eigenkapital

Ein etwas besonderer Punkt der Finanzierung ist das rollierende Eigenkapital. Sobald man einen Teil der Hypothek getilgt hat, kann man sich von der Bank in Höhe des getilgten Betrages neues Geld leihen.

> **Beispiel**
>
> Deine erste Immobilie hat 500 TEUR gekostet. Finanziert hast du diese mit 100 TEUR Eigenkapital und 400 TEUR als Hypothekendarlehen von der Bank. Nach 5 Jahren ist der Marktwert auf 600 TEUR gestiegen und du hast bereits 100 TEUR deiner Hypothek getilgt. Die Nachbewertung der Bank bestätigt den Marktwert, und da die Beleihungshöhe bei 80 % des Marktwertes ist, wäre die Bank hier bereit, die Immobilie mit 480 TEUR zu beleihen. Deine aktuelle Hypothek beträgt noch 300 TEUR, also kannst du eine Refinanzierung beantragen und erhältst 180 TEUR (480 TEUR - 300 TEUR) Cash als neuen Kredit von deiner Bank, welches du als neues Eigenkapital für den Kauf einer neuen Immobilie verwenden kannst.
>
> Somit beschleunigst du den Aufbau deines Immobilienportfolios und nutzt auch hier wieder den schon beschriebenen Leverage-Effekt. Viele erfolgreiche Investoren nutzen diese Strategie, um ohne Eigenkapital schnell durch Objektaufwertung und Nachbeleihung ihrer Immobilien ihr Portfolio aufzubauen und reich zu werden. Es ist ein bisschen so wie die linke Spur der Autobahn. Je schneller man fährt, desto wichtiger sind Kontrolle und Übersicht, damit man keinen Crash baut. Wenn man jedoch immer nur mit 50 auf der Landstraße dahinzuckelt, kommt man nie oder erst dann am Ziel an, wenn man alt geworden ist und einen Großteil des aktiven Lebens schon hinter sich hat.

Schritt 4: Objektunterlagenprüfung

Du hast eine interessante Wohnung in einer interessanten Lage gefunden? Eine essenzielle Aufgabe besteht nun darin, die Objektunterlagen und -informationen zu sammeln und zu interpretieren. Wie umfangreich diese Recherche und der Check ausfallen, hängt von deinem Wissen, deiner Erfahrung und deinem Team ab. Zu Beginn wirst du noch nicht so viel verstehen, geschweige denn die Zahlen und Daten interpretieren können, die du vorgelegt bekommst. Hier ist also dein Team (Makler, Bausachverständiger etc.) gefragt, damit dessen Mitglieder mit dir zusammen die Unterlagen durchgehen und dir beibringen, wie man welche Werte interpretiert. Nachfolgend will ich dir jedoch eine kurze Beschreibung der wichtigsten Dokumente geben, die dich erwarten, damit du schon einmal etwas Basiswissen hast, wenn dein Team mit dir diese Unterlagen bespricht. Warum sind genau diese Dokumente wichtig? Du musst nicht alle bis auf das letzte Detail verstehen und interpretieren können. Du wirst Fehler machen, v. a. am Anfang. Das ist normal und auch gut so, denn aus Fehlern lernen wir, es das nächste Mal besser zu machen. Was jedoch nicht passieren darf, ist, dass dein Fehler so gravierend ist, dass du ein richtiges Problem bekommst. Ein Beispiel: Du kaufst eine Wohnung und vermietest diese an den erstbesten Mieter, den du selber findest. Dieser zahlt nach ein paar Monaten keine Miete mehr, da er keinen Job hat, und nun musst du Zeit und erneut Kosten aufwenden, um einen neuen Mieter zu finden. Hättest du einen umfassenderen Mietercheck oder eine bessere Suche unternommen, hättest du diesen Fehler vermutlich vermeiden können. Ein paar Monate ohne Miete schmerzen, sind aber kein Beinbruch. Nehmen wir ein Beinbruchbeispiel: Du kaufst eine Wohnung, ohne vorher die Bausubstanz prüfen zu lassen. Nach ein paar Monaten gibt es strukturelle Probleme mit der Wohnung oder dem Gebäude; bis zur Sanierung kann niemand in deiner Wohnung wohnen. Das bedeutet einen Mietausfall für mehrere Monate, dein Mieter sucht sich eine neue Wohnung, der Wert deiner Wohnung sinkt drastisch und du musst die Sanierung bezahlen, was richtig teuer werden kann. Du siehst, es ist wichtig, sich mit den Dokumenten und Informationen auseinanderzusetzen, um sogenannte Deal Breaker vorab zu identifizieren. Anbei gebe ich dir einen Überblick über die m. E. wichtigsten Dokumente und über das, was sie dir sagen.

Grundbuchauszug Er enthält die Eigentümerstruktur, Einträge zu eventuellen Lasten, Rechten anderer, Grundschulden, Hypotheken oder Vorkaufsrechten und gibt dir somit einen Überblick über die rechtlichen Verhältnisse.

Maßgeblicher Grundriss und Wohnflächenberechnung Sie zeigen dir die theoretische Wohnflächenberechnung, die du vor dem Kauf unbedingt nachmessen solltest. Du willst ja keine offiziellen 60 qm kaufen, aber nur 55 qm erhalten.

Bauunterlagen sowie Karten und Grundstückspläne
Pläne, Grundrisse, Schnittzeichnungen und Ansichten geben dir einen Einblick in die Bausubstanz.

Technische Objektunterlagen Schlüsselpläne, technische Anschlusspläne oder Wartungsverträge geben dir einen Überblick über die technischen Aspekte.

Energieausweis Er zeigt dir, wie gut die Energieeffizienz des Gebäudes und der Wohnung ist, was sich später auf den Verbrauch und somit die Kosten auswirkt.

Gutachten Hier solltest du skeptisch sein, wenn das Gutachten nicht von dir, sondern vom Verkäufer beauftragt wurde. Wer den Gutachter zahlt, wird auch die eigenen Interessen durchsetzen, also ein vorteilhafteres Gutachten für den Verkäufer und somit einen vielleicht zu hohen Verkaufspreis für die Wohnung.

Denkmalschutz Achte darauf, dass die Immobilie nicht unter Denkmalschutz steht, denn dies bringt nur eine zu Beginn unnötige Komplexität mit sich. Es gibt Strategien, mit denen man auch aus denkmalgeschützten Immobilien eine gute Rendite erzielen kann, jedoch ist dies eine fortgeschrittene Strategie, die wir hier nicht weiterverfolgen wollen.

Eigentümergemeinschaft Wenn du nicht das ganze Haus, sondern nur eine Wohnung kaufst, wirst du automatisch Mitglied der Eigentümergemeinschaft. Diese ist vergleichbar mit den Aktionären eines Unternehmens. Wenn du eine Aktie kaufst, bist du auch der Eigentümer dieses Unternehmens und hast das Recht auf die Teilnahme an der Hauptversammlung (Eigentümerversammlung). Im Rahmen der Eigentümergemeinschaft einer Immobilie hast du Rechte und Pflichten. Die Eigentümerversammlungsprotokolle und Beschlüsse sowie Wirtschaftspläne, Teilungserklärung, Rücklagenkonto und der Verwaltervertrag sind sehr hilfreiche Dokumente, um Informationen über die aktuelle Eigentümersituation zu erhalten. Hast du z. B. einen Mehrheitseigentümer in dem Haus? Dann kann dieser nahezu allein entscheiden, welche Maßnahmen im Haus umgesetzt werden, ob ein neuer Aufzug eingebaut oder die Treppenrenovierung noch ein paar Monate lang aufgeschoben wird.

Mieter und Mietverträge Wohnen in dem Haus die Eigentümer selbst und wie kommen diese Personen miteinander aus? Wie ist die Mieterstruktur (alt, jung, heterogen, laut, Pärchen, Senioren, Studenten etc.)? Wie lange wohnen die Personen in den Wohnungen? Ein reger Wechsel kann auf störende Nachbarn oder schlechtes Mietermanagement der Verwaltung hinweisen. Wenn du eine Wohnung mit einem bestehenden Mietverhältnis kaufst, benötigst du auf jeden Fall den Mietvertrag, um ihn auf u. a. folgende Punkte zu prüfen:

- Höhe der Kaltmiete und der Nebenkosten
- Anzahl Quadratmeter und Preis pro Quadratmeter
- Beginn des Mietvertrags und Datum der letzten Mietanpassung
- Mietzahlungshistorie: Gab es hier Rückstände oder sonstige Probleme?
- Kautionshöhe
- Einkommensnachweise und Mieterprofil

Wohnungsausstattung und Reparatur- bzw. Modernisierungshistorie Lass dir unbedingt eine Liste der Maßnahmen der letzten 3–5 Jahre geben. Dies gibt dir ein Gefühl dafür, mit wie vielen Maßnahmen und Kosten du in den nächsten Jahren rechnen kannst und wie viel in diese Wohnung bereits „investiert" wurde. Wenn erst vor 1–2 Jahren eine neue Küche eingebaut wurde, ist das ein gutes Zeichen, da du dann erst einmal einige Jahre Ruhe aus dieser Ecke erwarten kannst. Wenn die Fenster schon über 10 Jahre alt sind, wirst du in naher Zukunft mit deren Austausch rechnen müssen. Frage also unbedingt nach: Wann wurden das letzte Mal die folgenden Komponenten der Immobilie komplett überholt/saniert?

- Dach
- Treppenhaus
- Keller
- Außenfassade
- Fenster
- Klimaanlage
- Aufzug

Schritt 5: Finale Investmentkalkulation
Einer der wichtigsten Schritte nach der Sammlung aller relevanten Informationen ist das Aufstellen der schlussendlichen Investmentkalkulation mit den konkreten Zahlen deines geplanten Objektes, denn nur so findest du heraus, ob sich diese Investition lohnt und ob du deine Zielrendite mit diesem Objekt erreichen kannst oder doch ein anderes auswählen solltest.

Im Kern rechnest du auch ein Immobilieninvestment so wie all deine anderen Investments, nur dass du hier den Bonus der Abschreibungen hast:

> **Free Cashflow Berechnung**
>
> Mieteinnahmen − Kosten − Abschreibungen = steuerliches Ergebnis
> Steuerliches Ergebnis − Steuern = Gewinn
> Gewinn + Abschreibungen − Tilgung = Free Cashflow

Zu Beginn reicht eine einfache Investmentkalkulation, die ich dir im Nachfolgenden gerne erkläre. Mit dieser kannst du prüfen, ob sich der Kauf einer angebotenen Wohnung auch lohnt. Am wichtigsten ist wie bei jedem Investment ein positiver Free Cashflow und eine möglichst hohe Eigenkapitalrendite. Durch den bereits gelernten Leverage-Effekt schaffst du es v. a. bei Immobilieninvestitionen, eine höhere Eigenkapitalrendite zu erzielen, da die Banken dir lieber für eine Immobilieninvestition einen Kredit geben als für ein Investment in Aktien oder Anleihen. Meist erhältst du auch bessere Konditionen für eine Hypothek als für einen Wertpapierkredit, da die Bank die Immobilie als Sicherheit höher wertet als Wertpapiere.

Prüfen einer Immobilieninvestition

In Tab. 5.3 siehst du Schritt für Schritt, wie man eine Immobilieninvestition prüft.

Tab. 5.3 Prüfen einer Immobilieninvestition

Objektdaten		
Wohnungsgröße in qm		50
Kaufpreis (ohne Anschaffungsnebenkosten)		100.000
Preis pro qm in EUR		2000
Miete p. m. in EUR		750
Miete pro qm p. m. in EUR		15
Projektkosten in EUR		
Kaufpreis		100.000
Kaufnebenkosten		12.000
Sonstige Kosten		3000
Summe Anschaffungskosten		115.000
Finanzierungsstruktur in EUR		
Fremdkapital (Hypothek)		100.000
Eigenkapital		15.000
Summe Finanzierung		115.000
Cashflowrechnung in EUR	monatlich	jährlich
Miete	750	9000
(-) Nicht umlegbare Nebenkosten	68	816
(-) Instandhaltung	75	900
(-) Zinsen Fremdkapital	83	1000
Ergebnis von Steuern	**524**	**6284**
(-) Abschreibung	100	1200
Zu versteuerndes Ergebnis	**424**	**5090**
(-) Steuern	127	1525
Ergebnis nach Steuern	**297**	**3563**
(+) Abschreibung	100	1200
Free Cashflow to Equity	**397**	**4763**
(-) Tilgung Fremdkapital	129	1551
Free Cashflow to Bank Account	**267**	**3208**
Kennzahlen		
Einkaufsfaktor		14,0
Bruttomietrendite		7 %
Eigenkapitalrendite		32 %

Einkaufsfaktor = Anschaffungskosten/(Miete − nicht umlegbare Nebenkosten)
Bruttomietrendite = 1/Einkaufsfaktor
Eigenkapitalrendite = Free Cashflow to Equity/Eigenkapital

Schritt 1: Objektdaten
Zuerst trägst du die dir bereits bekannten Objektdaten ein. Da dir nach deiner intensiven Recherche bereits die Zahlen für marktübliche Preise und Kaltmiete pro Quadratmeter Wohnraum bekannt sind, kannst du hier schon im ersten Schritt Wohnungen aussieben, die über dem Marktdurchschnitt liegen. Diese sind schlicht gesagt zu teuer. In unserem Beispiel gehen wir von einer Wohnung mit 50 qm in einer B-Lage für 100.000 € Kaufpreis aus.

Schritt 2: Projektkosten
Da der Kauf einer Immobilie immer auch mit weiteren Kosten (Anschaffungsnebenkosten) einhergeht, müssen diese in unsere Investitionsplanung natürlich mit aufgenommen werden. Typische Kosten, die noch anfallen, sind die für den Makler, den Notar, die Grunderwerbssteuer etc. Da wir nicht auf Neubausuche sind, werden vor der Vermietung noch ein paar kleine Schönheitsreparaturen oder ggf. eine Basismöblierung empfohlen, um einen besseren Mietpreis zu erzielen. Als Ergebnis erhältst du deine gesamten Projektkosten und somit auch deinen Finanzierungsbedarf.

Schritt 3: Finanzierungsstruktur
Hier trägst du ein, wie viel Fremdkapital bzw. Eigenkapital du für das Investment verwenden möchtest. Erinnere dich wieder an das Kapital mit dem Leverage-Effekt (Kapitel 2.7.5.): Je weniger Eigenkapital du hier verwendest, desto höher ist deine Eigenkapitalrendite. In unserem Beispiel gehen wir von einer 100 %-Finanzierung des Kaufpreises aus und tragen aus eigenem Cash nur die Neben- und sonstigen Kosten.

Schritt 4: Cashflowrechnung
Das Herzstück jeder unserer Investitionsrechnungen: Wir wollen wissen, welchen passiven CIF wir mit diesem Investment generieren können. Hierzu müssen wir von unserem CIF (Miete) alle relevanten COFs abziehen. Zu unseren COFs zählen z. B. das Hausgeld, hiervon die nicht umlegbaren Nebenkosten, Instandhaltung und die Zinsen, die wir für unser Fremdkapital aufwenden müssen. *Wichtig:* Da die Abschreibungen nur in der Theorie anfallen und keinen wirklichen COF verursachen, werden diese zwar steuerlich als Kosten berücksichtigt,

müssen jedoch am Ende der Cashflowkalkulation wieder addiert werden. Die Tilgung ist steuerlich auch nicht absetzbar, da dies ein Vermögensaufbau und auch COF ist, jedoch kein Kostenpunkt. Diese Logik lässt sich einfach erklären: Mit jeder Tilgungsrate an die Bank sinkt unsere Restschuld und somit gehört uns die Immobilie ein kleines Stückchen mehr, weil der Anspruch der Bank mit jeder Tilgungsrate ein kleines Stückchen sinkt. Somit ist die Tilgung zwar ein COF, aber einer, der (über Umwege) in unsere eigene Tasche geht und somit einen Cashflow to Equity darstellt, also einen Cashflow, der unser Eigenkapital erhöht. Am Ende unserer Berechnung erhalten wir unsere erste elementare Kennzahl: den Free Cashflow. Dieser sollte möglichst immer positiv sein, denn sonst musst du jeden Monat noch ein kleines Stückchen aus eigener Tasche zahlen, um die Tilgung zu begleichen. Wenn der Free Cashflow mit einem kleinen Betrag im Negativen, das Ergebnis vor Steuern aber positiv ist, kann in Einzelfällen auch diese Investition getätigt werden.

Schritt 5: Kennzahlen
Nun kommen wir zur Auswertung. Anhand der folgenden Kennzahlen können wir betrachten, wie lohnend dieses Investment ist. Der Einkaufsfaktor beschreibt das Verhältnis von Kaufpreis zu Kaltmiete p. a. und sollte generell unter 20 liegen, damit wir mindestens eine Bruttomiete von 5 % erwirtschaften. Die Bruttomiete ist der Kehrwert des Einkaufsfaktors und berechnet sich, indem man die Kaltmiete p. a. durch den Kaufpreis teilt. Die Bruttomiete (%) gibt dir eine schnelle Aussage darüber, wie rentabel dieses Immobilieninvestment ist. Diese Kennzahlen lassen sich sehr schnell berechnen und helfen schon vor der gesamten Cashflowrechnung, einige Wohnungen auszusortieren, die nicht in unsere Zielrendite passen. Die Nettomietrendite beschreibt das Verhältnis von Ergebnis vor Steuern zum Kaufpreis und ist vergleichbar mit der Gesamtkapitalrendite. Diese Zahl gibt dir ein genaueres Bild von der betrachteten Wohnung und beinhaltet auch die Finanzierungskosten sowie individuelle Kosten der Wohnung wie Instandhaltung, Hausgeld etc. Neben dem positiven Cashflow solltest du v. a. auch auf die Eigenkapitalrendite achten. Diese kannst du berechnen, indem du die Summe aus Free Cashflow p. a. und Tilgung p. a. durch dein eingesetztes Eigenkapital teilst. Eigen-

kapitalrenditen von über 20 % sind bei Immobilieninvestitionen keine Seltenheit, und mit einer höheren Fremdkapitalfinanzierung kommt man auch schon mal über 30 %. Diese Renditen helfen dir, deine Portfoliorendite zu steigern und dich schneller zu deinem Ziel der finanziellen Unabhängigkeit zu bringen.

Schritt 6: Erwerb und Verwaltung
Nach der Entscheidung für ein Objekt finalisierst du die Finanzierung und unterzeichnest beim Notar den Kaufvertrag. Nach Übergabe der Immobilie stehen noch ggf. Renovierung, Sanierung und Möblierung an. Sobald die Wohnung fertig ist, kannst du diese vermieten und somit erfolgreich deinen ersten passiven CIF etablieren! Auch hier empfehle ich, deinen Arbeitsanteil zu verschlanken, indem du die Vermietung und Verwaltung deiner Immobilie an eine professionelle Hausverwaltung auslagerst. Sobald diese einen Mieter für dich gefunden hat, fließen die ersten Miteinnahmen. Ab hier fokussieren wir uns auf die Rendite deines Investments. Eine beispielhafte Übersicht aller wichtigen Immobilienkennzahlen und Rechnungen habe ich dir in Tab. 5.3 dargestellt. Diese Rechnung findest du natürlich auch bereits in Excel auf www.deinefinanziellefreiheit.com

Renditefaktoren

Wie bei allen deinen Investments gilt immer die goldene Regel: Nur investieren, wenn der CIF größer als der COF ist, du also einen positiven FCF erzielst. Bei einem Immobilieninvestment gibt es generell 2 Arten, Geld zu verdienen. Zum einen ist das der laufende Cashflow aus den Mieterträgen, zum anderen die Wertsteigerung der Immobilie, die beim Exit (Verkauf) realisiert werden kann. Auch wenn deine Strategie auf einen langen Zeitraum ausgelegt ist, macht es dennoch Sinn, schon vor dem Einkauf eine Exitstrategie zu definieren. Lege *schriftlich* Exitstrategien für verschiedene Szenarien fest:

- Wie sieht dein Exit aus, wenn alles nach deinem geplanten Szenario verläuft (z. B. nach 10 Jahren steuerfrei verkaufen)?

- Wie, wenn sich eine ungeplante Gelegenheit (ein sehr gutes Kaufangebot oder ein Sprung in den Immobilienpreisen) ergibt, und wie bei ungeplant auftretenden Problemen (Bausubstanzprobleme, Probleme bei der Nachfolgefinanzierung etc.)?

Lass uns nun die beiden Arten ansehen, auf die du mit deiner Immobilie Geld verdienen kannst.

Cashflow aus Mieterträgen
Zu Beginn ist es wichtig, einen möglichst attraktiven Mietpreis mit einem guten Mieter zu erzielen. Versuche nicht, den letzten Euro aus deinem Mieter herauszupressen. Denn wenn dieser mit dem Preis unzufrieden ist, wird er sich früher oder später eine günstigere Wohnung suchen und du musst dir einen neuen Mieter suchen, was wieder mit Kosten verbunden ist. Wichtig sind also zum einen die Vermietung und das nachfolgende Mietermanagement. Mit einer konstanten Optimierung (Renovierung und Sanierung) deiner Immobilie wird diese attraktiver und desto mehr sind Menschen bereit, die Miete zu bezahlen. Mit einfachen Verschönerungen in der Wohnung und im Gebäude wie z. B. Bepflanzung, Malerarbeiten, Beleuchtung, Klingelschildern, Briefkastenanlage, intakten Treppengeländern und regelmäßiger Reinigung kann mit wenig Geld optisch viel Wert gehoben werden. Mit Nach- und Zusatzvermietungen (z. B. von Stellplätzen, Einbauküchen, Hobby- und Lagerräumen, Kellerabteilen) können zusätzliche Einnahmequellen erschlossen werden. Mit einer Nutzflächenaufwertung wie z. B. dem Anbau von Balkonen oder einem Dachgeschossausbau kann mehr Fläche geschaffen werden. Bei einem größeren Grundstück können Teile davon abgetrennt und einer neuen Nutzung zugeführt werden, z. B. als Zufahrten, Stellplätze, Grün- und Gartenflächen. All diese Maßnahmen helfen, deine Immobilie attraktiver zu machen und somit einen höheren Mietpreis zu erzielen.

Wertsteigerung
Ich höre immer wieder, eine Immobilie in München sei eine gute Investition, weil der Wert steigt und noch weiter steigen wird. Ein Großteil der privaten Investoren *erhofft* sich mit einem Immobilienerwerb eine langfristige Wertsteigerung der Immobilie. Anstatt auf den Cashflow zu

setzen, *spekulieren* diese Investoren, dass ihre Immobilie in 10 Jahren mehr wert sein wird als heute. Das ist wie im Schwimmbad vom Drei-Meter-Brett zu springen, ohne vorher zu checken, ob denn ausreichend Wasser in das Becken geflossen ist. Ich empfehle, nicht zu spekulieren, sondern zu berechnen. Spekulanten spekulieren und hoffen, Investoren berechnen und prognostizieren auf Basis von Fakten, Statistiken und harten Zahlen. Faktisch kann niemand die Zukunft voraussagen und sicher wissen, welche Immobilie wo wie viel in 10 Jahren wert sein wird. Was passiert also, wenn die Immobilie gekauft wird und doch nicht mehr an Wert gewinnt? Die Hypothekenraten und alle weiteren Kosten müssen dennoch gedeckt werden. Welche Wertsteigerungen gibt es überhaupt? Um gute Investments zu tätigen, muss man zuerst verstehen, aus welchen Gründen das eigene Investment an Wert gewinnen kann. Ein Immobilieninvestment kann generell auf 3 Arten an Wert gewinnen:

I. **Kreditwerterosion:** Durch die Inflation steigen die Preise und Einkommen und langfristig somit auch die Mietpreise. Gleichzeitig nimmt der Realwert der Schulden ab (Inflation). Erinnere dich zurück an das Kapitel mit der Inflation (Kapitel 2.7.3.). Die 10.000 €, die dein Banker dir heute leiht, haben in 10 Jahren deutlich an Wert (Kaufkraft) verloren. Du musst deinem Banker trotzdem nur die 10.000 € zurückzahlen.
II. **Äußere Faktoren** (außerhalb des eigenen Einflussbereiches), wie z. B. ein Bevölkerungszuzug, eine hohe Nachfrage oder ein hohes durchschnittliches Einkommen.
III. **Innere Faktoren** (innerhalb des eigenen Einflussbereiches), wie z. B. günstiger Immobilieneinkaufpreis und hoher Verkaufspreis, Optimierung und Aufwertung der Immobilie, gutes Mietermanagement (Mietanpassungen, Zusatz-/Nachvermietungen) oder eine steuerliche Optimierung.

Wir konzentrieren uns bei unseren Berechnungen auf die vorliegenden Zahlen, Daten und Fakten. Dies können auch datengestützte Marktprognosen für die Standortanalyse sein, jedoch beziehen wir in unserer Investmentkalkulation entweder keine oder nur eine minimale (inflationsbasierte) Wertsteigerung ein. Wir wollen eine konservative Rechnung erstellen, diese dem Finanzierer zeigen und schlussendlich auch mehr oder weniger genau so einhalten.

Vor- und Nachteile von Immobilieninvestitionen

Nachfolgend wollen wir uns die Vor- und Nachteile von Immobilieninvestitionen ansehen:

A) Vorteile
Maßgebliche Vorteile einer Immobilie sind der Leverage-Effekt, die Kontrolle und steuerliche Faktoren.

Leverage
Die Bank leiht Geld eher für einen Hypothekenkredit und auch mit geringerem Zins als für privaten Konsum oder Spekulationen an der Börse. Die Fremdkapitalzinsen, die du zahlst, sind steuerlich abzugsfähig und wir haben bereits geklärt, dass in bestimmten Fällen der Einsatz von Fremdkapital die Eigenkapitalrendite verbessern kann. Hierdurch sind Eigenkapitalrenditen von 20–30 % keine Seltenheit. Neben der Hypothek kann man sich auch noch einen weiteren privaten Kredit nehmen, um das Eigenkapital zu ersetzen. Somit ist es möglich, Immobilien mit nur 15–30 TEUR Eigenkapital zu erwerben.

Wichtig an dieser Stelle zu erwähnen ist, dass mehr Schulden auch mehr Risiko bedeuten! Falls dieses Investment nicht gut läuft, will die Bank trotzdem ihr Geld plus Zinsen von dir zurück. „Gute Schulden" wurden in einem vorherigen Kapitel (Kapitel 2.5) bereits ausführlich beleuchtet, und dir sollte das Risiko von mehr Schulden bewusst sein. Es gibt viele Investoren, die sich zu hoch verschuldet haben und dann bei einem Crash in existenzielle finanzielle Probleme gekommen sind. Für viele Fälle gibt es Versicherungen, die einen gegen verschiedene Schäden schützen können. Die m. E. wichtigsten sind, v. a. bei hoher Verschuldung, u. a.

- eine Mietausfallversicherung,
- eine Haus- und Grundbesitzerhaftpflichtversicherung und
- eine Wohngebäudeversicherung.

Zusätzlich gibt es noch viele weitere Versicherungen wie z. B. eine Rechtschutzversicherung oder eine Glasbruchversicherung. Da es auch viele Unterschiede innerhalb der Versicherungen sowie auch Kombiprodukte gibt, lässt du dich am besten von einem unabhängigen Versicherungsmakler hierzu ausführlich beraten. Dieser kann dir anhand deiner persönlichen Situation und Immobilie ein optimales Paket zusammenstellen.

Kontrolle
Ein weiterer Vorteil einer Immobilie ist die Kontrolle. Wie ein Unternehmensinhaber kontrollierst du dein Einkommen (die Miete), die Ausgaben (Hausverwaltung, Energieausgaben etc.), deine Verbindlichkeiten (die Hypothek und weitere Kredite), das Management (die Hausverwaltung, den Makler etc.), die Versicherung usw. Du hast die Kontrolle über deinen Vermögenswert, was dir auch erlaubt, den CIF und COF zu steuern.

Steuern
Zuerst noch einmal der Disclaimer: Dies ist keine Steuerberatung und dieses Buch ersetzt keinen Steuerberater!

Steuern musst du nur zahlen, wenn du mit deiner Immobilie Gewinn erzielst. Somit sind Steuern erst einmal ein gutes Zeichen, denn sie zeigen, dass dein Investment einen steuerlichen Gewinn erzeugt. Es gibt fortgeschrittene Steuerstrategien, mit denen du einen steuerlichen Verlust, aber einen positiven Cashflow erzielen kannst. Die Steuerstrategie solltest du mit deinem Steuerberater besprechen, da es in jedem Land und auch regional verschiedene Steuergesetze gibt und ich dir keine Steuer- und Rechtsberatung geben darf. Lass mich dennoch ein paar Vorteile von Immobilieninvestments nennen, die das Thema Steuern betreffen.

Abschreibungen Dies sind nutzungsbedingte Wertminderungen, welche du von der Steuer absetzen kannst. Sie drücken die „theoretische Wertminderung" deiner Immobilie aus, selbst wenn deine Immobilie „praktisch" im (Markt-)Wert steigt. Das Finanzamt akzeptiert deine regelmäßig angesetzte und steuerlich wirksame Abschreibung (Wertminderung) dennoch. Somit sparst du Steuern und erhöhst deinen Free Cashflow aus deiner Immobilie.

Grunderwerbsteuer Bei fast jedem Kauf einer Immobilie fällt Grunderwerbsteuer auf den Kaufpreis der Immobilie an. Diese ist von Bundesland zu Bundesland unterschiedlich hoch. Indem du z. B. Möbel oder eine Küche separat ausweist, verringern sich der reine Immobilienkaufpreis und somit auch die Grunderwerbsteuer. Wenn du Möbel oder die Küche separat ausweist, gelten auch andere Abschreibungsregelungen.

Steuerfreie Veräußerung In Deutschland gibt es die Regelung, dass du (unter bestimmten Voraussetzungen) deine Immobilie nach 10 Jahren steuerfrei veräußern kannst. Davor musst du Steuern auf deinen Gewinn zahlen. Eine selbstgenutzte Immobilie kannst du (unter bestimmten Voraussetzungen) sogar schon nach 3 Jahren steuerfrei veräußern.

B) Nachteile
Welche Nachteile gegenüber anderen Investmentklassen hat ein Immobilieninvestment?

Aufwand und Kosten
Zu Beginn muss man hier recht viel Arbeit und Zeit investieren und auch andere Personen bezahlen (Makler, Anwalt, Notar etc.). Hohe Transaktions- und Nebenkosten müssen in die Investmentkalkulation eingeplant werden, um die schlussendliche Rendite zu ermitteln. Diese Kosten müssen teilweise schon vor dem Kauf der Immobilie beglichen werden, weswegen man bereits Geld benötigt, ehe man das Investment tätigen kann.

Immobilität und mangelnde Fungibilität
Durch die Immobilität der Wohnung ist man abhängig davon, wie sich der gewählte Standort mit der Zeit entwickelt. Passiert etwas Unvorhergesehenes (z. B. die Mietpreisbremse in Berlin oder der Bau eines Atomkraftwerkes in der Nähe), kann man meist nicht schnell genug reagieren (z. B. verkaufen) und muss mit den Konsequenzen umgehen. Des Weiteren lässt sich eine Immobilie nicht auf Knopfdruck verkaufen, wie es z. B. mit Aktien möglich ist.

Zusammenfassend sind Immobilien eine essenzielle Investmentklasse auf dem Weg zur finanziellen Freiheit. Dadurch, dass der Mieter deinen Kredit abbezahlt, den du verwendet hast, um diesen Vermögenswert zu erwerben, hast du einen entscheidenden Vorteil gegenüber allen anderen Investmentklassen. Zusätzlich spielt die relative Sicherheit eine große Rolle in der Planung der Altersvorsorge (viele bezeichnen Immobilien auch als Betongold). Schlussendlich steigert der Leverage-Effekt auch deine Eigenkapitalrendite, was dir hilft, weitaus schneller am Ziel deiner finanziellen Freiheit zu sein. Sobald du etwas Geld auf die Seite gelegt hast (z. B. 50 TEUR), ist es empfehlenswert, über eine kleine Eigentumswohnung nachzudenken. Doch selbst wenn du noch keine 50 TEUR zusammen hast, gibt es eine Möglichkeit, dennoch eine Immobilie zu kaufen.

Immobiliensparplan statt ETF-Sparplan

Anstatt 50–100 € monatlich in einen ETF zu investieren (ETF-Sparplan), kann man dieses Geld auch für eine eigene Immobilie verwenden.

In der Praxis sieht das wie folgt aus: Einen Immobilienkauf finanziert man grundsätzlich zu einem Teil mit einem Hypothekendarlehen über die Bank und den Rest aus eigener Tasche. Doch oft liegt der eigene Anteil auch bei kleineren Wohnungen schnell bei 60 TEUR und das hast du vielleicht nicht gerade auf deinem Bankkonto frei liegen. Nun kannst du aber neben dem Hypothekendarlehen einen privaten Kredit bei einer anderen Bank aufnehmen, um den fehlenden Eigenanteil aufzufüllen und dennoch eine Immobilie zu erwerben.

Die Miete der Immobilie deckt dann die laufenden Kosten, die Zinsen beider Darlehen, die Tilgung des Hypothekendarlehens und ein wenig von der Tilgung des privaten Kredits. Mit einem monatlichen Eigenanteil von z. B. 100 € zahlt man dann den noch offenen Teil der Tilgung des privaten Kredits (dies ist dann sozusagen der „Sparplan"). Mit jeder Rate wird der ausstehende Kredit bei der Bank weniger und somit gehört dir die Immobilie jeden Monat ein kleines Stückchen mehr. So schaffst du mit einem kleinen monatlichen Sparplan echtes Immobilienvermögen. Mit der Zeit erhöht man die Miete und der benötigte Eigenanteil

(Sparplan) sinkt, obwohl die Immobilie im selben Tempo mehr und mehr einem selbst gehört. Lass uns das anhand eines Beispiels genauer betrachten.

> **Beispiel: Immobiliensparplan**
>
> Investitionsvolumen:
> Kaufpreis Immobilie: 100 TEUR
> Nebenkosten: 30 TEUR
> Benötigte Finanzierung in Summe: 100 + 30 = 130 TEUR
> Finanzierung:
> Hypothekendarlehen der Bank: 70 TEUR
> Benötigter Eigenanteil: 130 - 70 = 60 TEUR
> Geld auf der Bank: 30 TEUR
> Fehlender Eigenanteil: 60 - 30 = 30 TEUR

Da nun 30 TEUR Eigenanteil fehlen, um die Immobilie zu kaufen, nimmt man einen privaten Kredit bei einer anderen Bank auf, um die Finanzierungslücke zu schließen. Diesen muss man innerhalb der nächsten 8–12 Jahre zurückzahlen. Sehen wir uns einmal beispielhaft die Cashflows des 1. und 5. Jahres dieser Investition an.

> **Jahr 1**
>
> Miete: +700 €
> Kosten inkl. Zinsen und Steuer: -350 €
> Tilgungsrate des Hypothekendarlehens: -250 €
> Tilgungsrate des privaten Kredits: -200 €
> Cashflow: 700 - 350 - 250 - 200 = -100 €

Der Betrag von 100 € ist dann der monatliche Eigenaufwand, also sozusagen sein eigener Immobiliensparplan.

> **Jahr 5**
>
> Miete: +800 €
> Kosten und Tilgung bleiben gleich
> Cashflow: 800 - 350 - 250 - 200 = 0 €

Durch stetige Mieterhöhungen verringert sich mit der Zeit der Eigenaufwand, bis er nach wenigen Jahren auf 0 € sinkt und die Immobilie nicht nur das Hypothekendarlehen, sondern auch den privaten Kredit abbezahlt.

Der Vorteil zum ETF-Sparplan? In wenigen Jahren ist der private Kredit abbezahlt und die Immobilie produziert positive Cashflows, die sich auf dem eigenen Konto ansammeln. Nach Tilgung des Hypothekendarlehens ist die Immobilie komplett abbezahlt und man hat sich eine solide Altersvorsorge geschaffen. Mit wenigen Immobilien schafft man sich so eine solide Rente und finanzielle Freiheit. Mit z. B. 3 abbezahlten Immobilien, die jeweils einen monatlichen Cashflow von 500 € (nach Kosten und Steuern) auf dein Konto bringen, bist du mit 1500 € passivem monatlichen Nettoeinkommen gut abgesichert und frei. Ich verfolge diese Strategie seit Jahren erfolgreich, u. a. mit Immobilien in Valencia, Spanien, die überdurchschnittliche Renditen und Cashflows mit wenig Arbeit erzielen.

5.5.2 Real Estate Investment Trusts (REITs)

Eine Alternative zum direkten Erwerb einer Immobilie kann das Investment in einen REIT sein. Die offizielle Bezeichnung sind steuerbegünstigte Immobilien-Aktiengesellschaften mit börsennotierten Anteilen. Wie bei einem herkömmlichen Investmentfonds wird von Investoren Geld eingesammelt und dann in Immobilien investiert. Eine besondere Stellung nehmen hier die REITs ein, welche Kapitalgesellschaften sind, die ihre Gewinne aus Vermietung, dem Handel oder der Verpachtung von Grundstücken oder Immobilien erzielen. REITs haben eine besondere Steuerbefreiung und dementsprechend meist eine sehr hohe Ausschüttungsquote, was REITS gerade für Dividendeninvestoren attraktiv macht. Derzeit besteht in Deutschland die gesetzliche Vorgabe für REITs, dass sie mindestens 90% ihrer Gewinne an die Anleger ausschütten müssen. Des Weiteren müssen mindestens 25% der Aktien eines REIT im Streubesitz sein. Zudem müssen sie zum Ende des Jahres eine Eigenkapitalquote von 45% des Immobilienvermögens nachweisen können. Innerhalb der REITs gibt es viele unterschiedliche Strategien. Manche fokussieren sich auf die Vermietung von Büros oder Shoppingzentren, andere auf das Entwickeln und Projektieren von Immobilien. Da es in Deutschland noch nicht viele REITs gibt, lohnt sich ein Blick z. B. in die USA, wo es sehr viele unterschiedliche und attraktive REITs gibt.

Zusammenfassend sind REITs eine attraktive Investmentklasse mit hohem passiven Einkommensfaktor. Durch die Diversifizierung innerhalb des Investmenttrusts streut der Anleger sein Risiko, hat jedoch auch die Kosten für das Managen der Trusts zu tragen. REITs sind somit eine Art Mischform aus börsennotierten Wertpapieren und einem Investment in eine Immobilie.

5.6 Weitere Investmentmöglichkeiten

Es gibt noch viele weitere Investmentklassen, deren Darstellung den Rahmen dieses Buches sprengen würde. Hier einige Beispiele:

- Rohstoffe, wie z. B. Öl, Erdgas, Bananen oder Weizen
- Edelmetalle, wie z. B. Gold und Silber
- Geschlossene und offene Fonds
- Private Equity & Venture Capital
- Zertifikate
- Devisen
- Derivate, wie z. B. Optionen und Futures
- Tax Lean Certificates

Auf meiner Website www.deine-finanziellefreiheit.com habe ich auch eine Übersicht mit Investmentideen zum Download hinterlegt. Falls dir noch weitere einfallen, kannst du diese gerne mit mir teilen und ich ergänze die Übersicht. Die Community würde sich bestimmt freuen!

5.7 Bildung: Angewandtes Wissen ist Macht!

Eins der wichtigsten Investments, die du tätigen kannst, ist die Investition in dich selbst, in Bildung, Wissen und Erfahrung. Verwende mindestens 5 % deines jährlichen Nettoeinkommens, um dich fortzubilden. Besuche

Seminare, Workshops und Fortbildungen, lies Bücher, Blogs, Webseiten und Artikel. Du wirst sehen, dass deine durchschnittliche Portfoliorendite stark mit deinem Wissensstand korreliert. Reiche Menschen lesen jeden Tag im Durchschnitt eine Stunde, besuchen mindestens einmal pro Jahr ein Seminar oder einen Workshop und sind in ihrem Fachgebiet Weltklasse. Warren Buffet wurde nicht zum Spitzeninvestor, weil er ein Buch gelesen und beiseitegelegt hat und dann jahrelang den Index in der Performance schlug. Er begann schon in Kindheitstagen zu investieren und hat nicht nur sein Wissen, sondern auch seine praktische Erfahrung konstant ausgebaut. Fokussiere dich zu Beginn am besten auf eine Investmentklasse (z. B. Immobilien) und versuche, so viel wie möglich darüber zu lernen und Erfahrungen damit zu sammeln, indem du mit kleinen Beträgen startest und dich nach und nach verbesserst.

6

Zum Ende gibt es den Anfang

Nun hast du mittlerweile eine ganze Menge gelernt und auch fleißig geübt. Damit dir der Start in der Praxis auch wirklich gelingt, erhältst du hier noch einmal eine kurze Zusammenfassung sowie grundlegende Tipps.

Schritt 1: Erstelle dir einen Finanzielle-Freiheit-Plan
Träume sind Schäume und so weiter … Wir kennen die Sprüche mittlerweile zu Genüge, aber es ist etwas Wahres dran. Halte *schriftlich* fest, wie hoch dein passives Einkommen sein muss, um finanziell frei zu sein, und wie lange du laut Plan dafür brauchst. Wie hoch soll deine Rendite sein und in welche Vermögenswerte möchtest du investieren? Wie hoch ist deine Investment Rate jetzt und wie hoch soll sie in 5 Jahren sein? Falls du an einem Punkt nicht weiterweißt, blättere in diesem Buch ruhig noch einmal zu den Übungen zurück.

„Ein Ziel ohne Plan ist nur ein Wunsch."
– Larry Elder –

Schritt 2: Mehr Einkommen und mehr sparen

Versuche, mehr Einkommen zu generieren und von deinem Einkommen einen größeren Teil wegzulegen, den du dann investieren kannst. Eine bewährte Strategie, um regelmäßig Geld zum Investieren auf die Seite zu packen, ist das sogenannte Mehrkontenmodell. Eröffne 4 (am besten kostenlose) Bankkonten. Das erste ist für die täglichen Ausgaben, wie z. B. Essen, Miete oder Benzin. Dieses ist auch dein Gehaltseingangskonto und Ausgangspunkt deiner Geldströme. Das zweite Konto ist das Konto für deine finanzielle Freiheit. Möglichst schnell solltest du auch Konto drei eröffnen: das Notgroschenkonto. Sammle hier mindestens 3 Nettomonatsgehälter für schlechte Zeiten an. Schlussendlich solltest du noch ein „Gönn-dir"-Konto eröffnen, welches für Urlaube, ein neues Auto oder Geschenke angezapft werden kann. Richte 3 Daueraufträge ein, die mindestens 10 % deines monatlichen Nettogehaltes direkt und automatisch nach Gehaltseingang von Konto 1 auf Konto 2, 3 und 4 überweisen. Somit schaffst du das Geld schnell weg aus deinem täglichen Standardkonto. Wenn sich hier Geld ansammelt, dann wird das erfahrungsgemäß auch schnell wieder ausgegeben. Wenn du das Geld erst in Sicherheit bringst, musst du mit dem Rest den übrigen Monat noch schaffen. Ich glaube an dich, du schaffst das, so wie viele andere vor dir auch.

Schritt 3: Investiere in bzw. kaufe Vermögenswerte

Nun sammelt sich jeden Monat etwas Geld auf deinem Finanzielle-Freiheit-Konto an, welches du investieren kannst. Denke daran, dass dein Geld nur dann 24 h und 7 Tage die Woche für dich arbeiten kann, wenn du es von der Ersatzbank auf das Spielfeld schickst! Je nachdem, welche Rendite du dir als Ziel gesetzt hast, investierst du in den jeweiligen Vermögenswert. Grundsätzlich ist es sinnvoll, ein wenig zu diversifizieren und sich nicht nur z. B. auf Immobilien in Valencia, Spanien, zu fokussieren, auch wenn diese Vermögenswerte vielleicht deine Renditeerwartung erfüllen. Versuche, mehr über die Vermögenswerte zu lernen, in die du investieren willst.

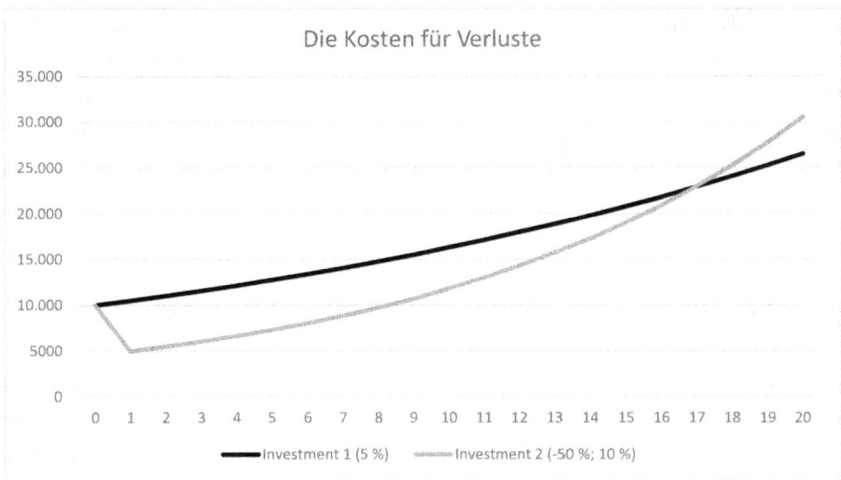

Abb. 6.1 Die Kosten für Verluste. (Eigene Darstellung)

Wichtig ist jedoch: Kaufe nicht zu überhöhten Preisen

Stell dir vor, du findest eine Aktie, von der du glaubst, dass sie jährlich um 10 % wachsen kann (Investment 2), selbst wenn der Markt (Investment 1) nur um 5 % jährlich wächst. Leider bist du so begeistert, dass du einen zu hohen Preis zahlst, während die Aktie im ersten Jahr 50 % ihres Wertes verliert. Selbst wenn die Aktie (Investment 2) dann die doppelte Rendite des Marktdurchschnitts (Investment 1) erwirtschaftet, wird es über 16 Jahre dauern, bis du den Markt wieder überholt hast – einfach, weil du am Anfang zu viel bezahlt hast und die Aktie eine Korrektur erlebt hat. Natürlich ist das Verlieren von „etwas" Geld ein unvermeidbarer Bestandteil beim Investieren, und wir können nichts gegen diese Tatsache unternehmen. Aber als kluger Investor musst du versuchen, Vermögenswerte nicht zu überteuerten Preisen zu kaufen, denn meist ist eine Korrektur beim Kauf schon in Sichtweite. Ich habe das Beispiel grafisch in Abb. 6.1 einmal für dich visualisiert.

Schritt 4: Aufwand und Automatisierung

Ja, wir haben alle auch noch andere Sachen zu erledigen, und es kann nicht jeder von Investments so begeistert sein wie ich. Bestimmt hast du die Wichtigkeit verstanden, warum du dich um deine Finanzen kümmern solltest. Wenn du dich nicht für dein Geld interessierst, tut es sicher ein anderer (Robert T. Kiyosaki , 2016). Falls du den Prozess etwas effizienter gestalten willst, hier noch ein paar Tipps für weniger Aufwand und mehr Automatisierung. Automatisiere deine Investments und spare nebenbei für einmalige größere Investitionen, wie z. B. eine Immobilie. In der Praxis könntest du einen Dauerauftrag von 100 € pro Monat von deinem Finanzielle- Freiheit-Konto jeweils an deinen Broker (z. B. Trade Republic, DKB o. a.) und dein P2P-Konto einrichten. Das P2P-Konto legt dein Geld automatisch neu an und beim Broker stellst du einen ETF-Sparplan von 100 € ein. Natürlich kannst du diese Investmentrate auch erhöhen oder verringern. Sobald du 20–30 TEUR zusammenhast, kannst du darüber nachdenken, eine erste Eigentumswohnung zu kaufen – vielleicht sogar in Spanien, wo die Preise niedriger und die Renditen aktuell höher als in Deutschland sind.

6.1 Wer hat an der Uhr gedreht?

… ist es wirklich schon so spät? Auch jede noch so schöne Reise hat ein Ende. Auch wenn deine Reise noch nicht beendet ist, verabschiede ich mich an dieser Stelle – zumindest vorerst. Wenn du es bis hierhin geschafft hast, dann kann ich nur meinen tiefen Respekt aussprechen. Du hast den Abschnitt dieser beschwerlichen Reise auf dich genommen und die Zwischenprüfungen mit Glanz bestanden. Du bist nun bestens gerüstet für die finale Schlacht: den Kampf gegen das Hamsterrad und das Erlangen der finanziellen Freiheit. Ich hoffe, du hast während des Lesens nicht nur etwas gelernt, sondern auch ein wenig Spaß gehabt. Diese Finanzthemen können manchmal schon recht trocken sein. Wir haben es nun gemeinsam bis hierhin geschafft, und ich hoffe, ich kann dich auf deinem weiteren Weg noch weiter begleiten. Nutze dieses Buch wie ein Handbuch und markiere dir die wichtigsten Stellen, mach Notizen und Eselsohren an wichtigen Seiten. Nimm mich in Form dieses Buches gerne mit zu deinem großen Kampf. Ich wünsche dir von Herzen alles Gute und viel Durchhaltevermögen, denn du bist bereits auf dem Weg zu deiner finanziellen Freiheit.

„Ich kann Misserfolge akzeptieren, jeder scheitert mal. Aber was ich nicht akzeptieren kann, ist, es gar nicht erst zu versuchen."
– Michael Jordan –

6.2 Buchempfehlungen

Da mich meine Freunde und Bekannten regelmäßig nach Buchtipps fragen und ich dieses Buch basierend auf dem vereinten Wissen vieler Bücher, Artikel, Blogs, persönlichen Gesprächen etc. geschrieben habe, möchte ich dir diese Bücher nicht vorenthalten und nachfolgend ausgewählte Buchtipps geben. Nutze diese Bücher, um einzelne Themen zu vertiefen und dein Wissen zu erweitern.

- Christopher W. Mayer (2018), 100 Baggers: Stocks that Return 100-to-1 and How to Find Them, Laissez-Faire Books, Baltimore, Maryland
- Tren Griffin, Hendrik Leber (2016), Charlie Munger: Ich habe dem nichts mehr hinzuzufügen, FinanzBuch Verlag, München
- Warren Buffet, Lawrence A. Cunningham (2018), Die Essays von Warren Buffett: Die wichtigsten Lektionen für Investoren und Unternehmer, FinanzBuch Verlag, München
- Gerd Kommer (2018), Souverän investieren mit Indexfonds und ETFs: Wie Privatanleger das Spiel gegen die Finanzbranche gewinnen, Campus Verlag, Frankfurt am Main
- George Clason, Antoinette Gittinger (2012), Der reichste Mann von Babylon: Der erste Schritt in die finanzielle Freiheit, Conzett Oesch, Zürich
- Robert T. Kyosaki (2016), Rich Dad Poor Dad – Klassiker-Edition: Rich Dad, Poor Dad; Cashflow® Quadrant; Rich Dad's Investmentguide, FinanzBuch Verlag, München
- Florian Roski (2016), Das 1x1 des Immobilien Millionärs: Deine genaue Anleitung zum Investieren, Education Punk Verlag, Nürnberg
- Thomas Knedel (2017), Erfolg mit Wohnimmobilien: So werden Sie in 6 Monaten privater Immobilieninvestor, Immopreneur Verlag, Bad Homburg

- Jörg Winterlich (2015), ErfolgReich mit Immobilien-Investments: Die Kunst, wie Privatinvestoren mit Wohnimmobilien Geld verdienen, Haufe-Lexware, Freiburg
- Alexander Goldwein (2021), Geld verdienen mit Wohnimmobilien: Erfolg als privater Immobilieninvestor, M&E Books Verlag, Monheim am Rhein
- Marco Lücke, Stefan Loibl (2017), immocation – Die Do-it-yourself-Rente: Passives Einkommen aus Immobilien zur Altersvorsorge, Independently published, München
- Julian Hosp (2018), Kryptowährungen: Bitcoin, Ethereum, Blockchain, ICO's & Co. einfach erklärt, FinanzBuch Verlag, München
- Brian Tracy (2011), Keine Ausreden! Die Kraft der Selbstdisziplin, Gabal Verlag, Offenbach am Main
- Hal Elrod, David Osborn, Honorée Corder (2019), Miracle Morning für Millionäre. Das Erfolgsgeheimnis: Was die Reichen vor 8 Uhr tun, Edition Forsbach, Bamberg
- Brian Tracy (1998), Thinking Big: Von der Vision zum Erfolg, Gabal Verlag, Offenbach am Main
- Elon Musk, Ashlee Vance (2015), Elon Musk: Wie Elon Musk die Welt verändert – Die Biografie, FinanzBuch Verlag, München
- Rainer Zitelmann (2018), Kapitalismus ist nicht das Problem, sondern die Lösung: Eine Zeitreise durch fünf Kontinente, FinanzBuch Verlag, München
- Florian Homm (2012), Kopf Geld Jagd – Wie ich in Venezuela niedergeschossen wurde, während ich versuchte, Borussia Dortmund zu retten, FinanzBuch Verlag, München
- Alice Schroeder (2010), Warren Buffett – Das Leben ist wie ein Schneeball, FinanzBuch Verlag, München
- Timothy Ferris (2015), Die 4-Stunden-Woche: Mehr Zeit, mehr Geld, mehr Leben, Ullstein Taschenbuch, Berlin
- Tim Ferris (2017), Tools der Titanen: Die Taktiken, Routinen und Gewohnheiten der Weltklasse-Performer, Ikonen und Milliardäre, FinanzBuch Verlag, München

6.3　Literaturverzeichnis

Viele der in den Buchempfehlungen genannten Bücher haben wertvolle Ideen, Inspirationen und Gedankenanstöße für mein Buch gegeben. Im Folgenden möchte ich noch konkret genutzte Quellen auflisten:

- Jorda, Knoll, et.al (2017), The Rate of Return on Everything, https://www.frbsf.org/wp-content/uploads/sites/4/wp2017-25.pdf, Zugriff 30.01.2022
- Wolfgang Müller (2019), https://finanzmarktwelt.de/finanzielle-repression-der-langfristige-plan-der-ezb-der-immer-noch-nicht-aufgeht-118807/, Finanzmarktwelt, Zugriff: 30.01.2022
- Fredy Gilgen (2018), https://www.handelszeitung.ch/geld/anlagen-im-langzeitvergleich-was-aktionare-wissen-sollten, Handelszeitung, Zugriff: 30.01.2022
- Christian Röhl (2022), https://www.dividendenadel.de/msci-world-renditedreieck/, Dividendenadel, Zugriff: 30.01.2022
- Jürgen Büttner (2019), https://www.boerse-online.de/nachrichten/aktien/reits-attraktive-renditen-in-der-niedrigzinsphase-1028082103, Börse Online, Zugriff: 30.01.2022
- Franz Stocker (2015), https://www.welt.de/finanzen/geldanlage/article143821870/Mietwohnungen-erzielen-hoehere-Renditen-als-Aktien.html, Welt, Zugriff: 30.01.2022

GPSR Compliance

The European Union's (EU) General Product Safety Regulation (GPSR) is a set of rules that requires consumer products to be safe and our obligations to ensure this.

If you have any concerns about our products, you can contact us on

ProductSafety@springernature.com

In case Publisher is established outside the EU, the EU authorized representative is:

Springer Nature Customer Service Center GmbH
Europaplatz 3
69115 Heidelberg, Germany

www.ingramcontent.com/pod-product-compliance
Lightning Source LLC
LaVergne TN
LVHW020348260326
834688LV00045B/1600